Smart Alpaca

Aiuta tuo figlio a praticare lettere, forme e formazione di numeri con attività divertenti!

Comincia qui

Si fermi qui

✓ **traccia la linea tratteggiata**

✓ **Prenditi il tuo tempo !**

✓ **Puoi farlo !**

pronto?
Cominciamo!

Grande
libro di tracciamento

tracciamento
delle
Linea

Cominciamo!

traccia le linee tratteggiate
dall'alto verso il basso

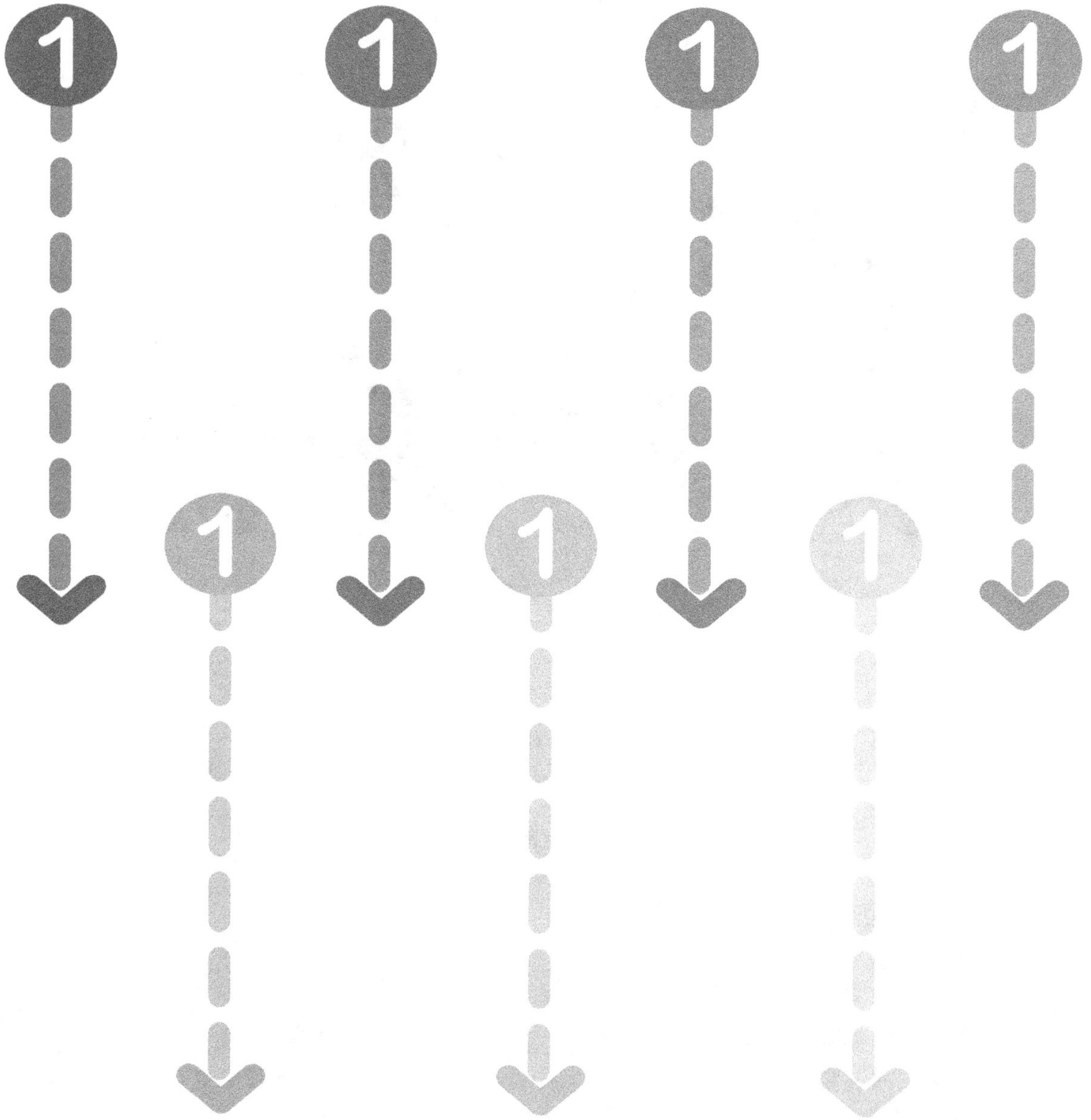

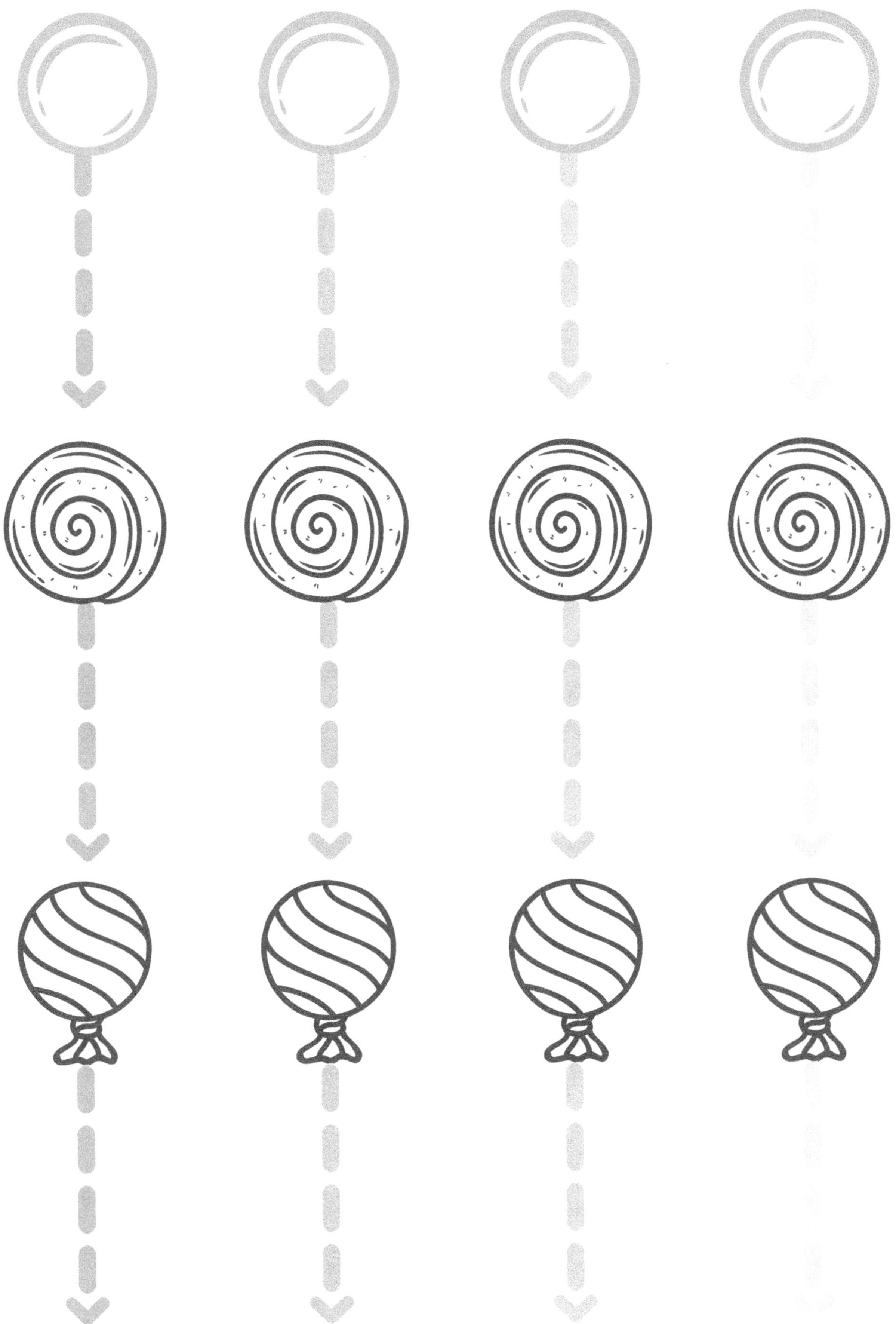

# Da sinistra a destra

traccia le linee tratteggiate
da sinistra a destra

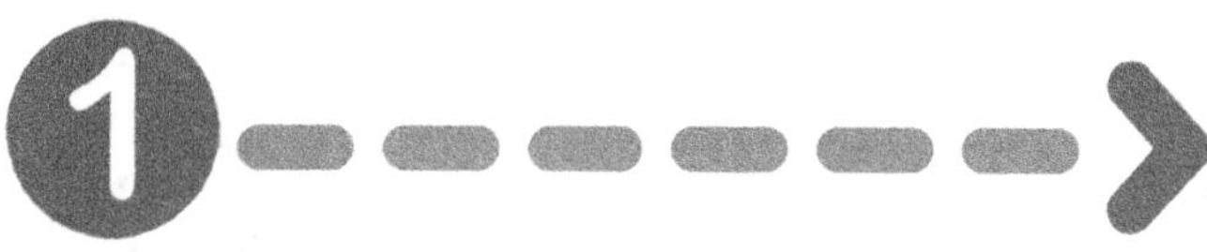

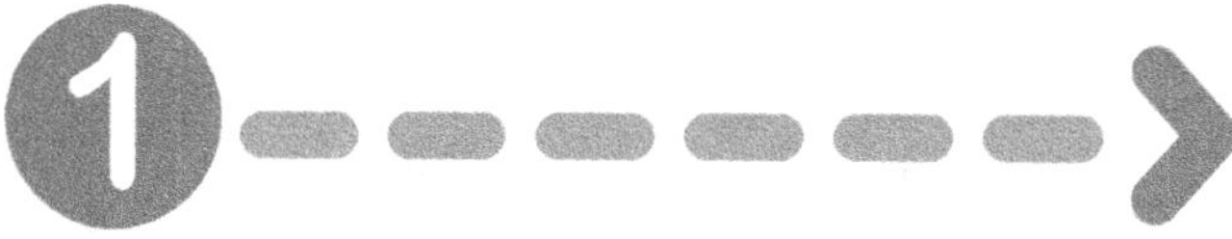

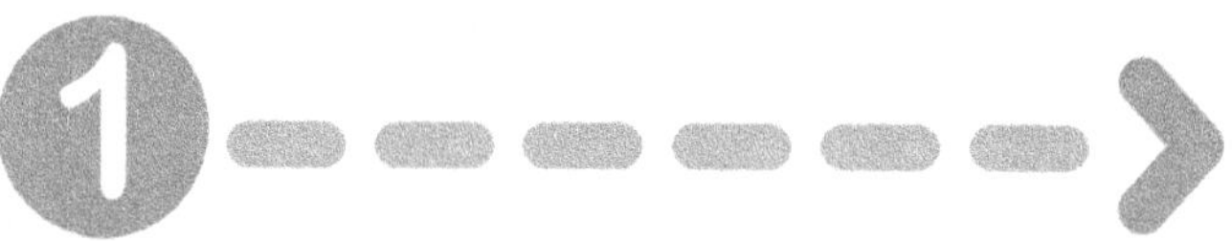

traccia le linee tratteggiate per aiutare ad annaffiare le piante

Da destra a sinistra

traccia le linee tratteggiate
da destra a sinistra

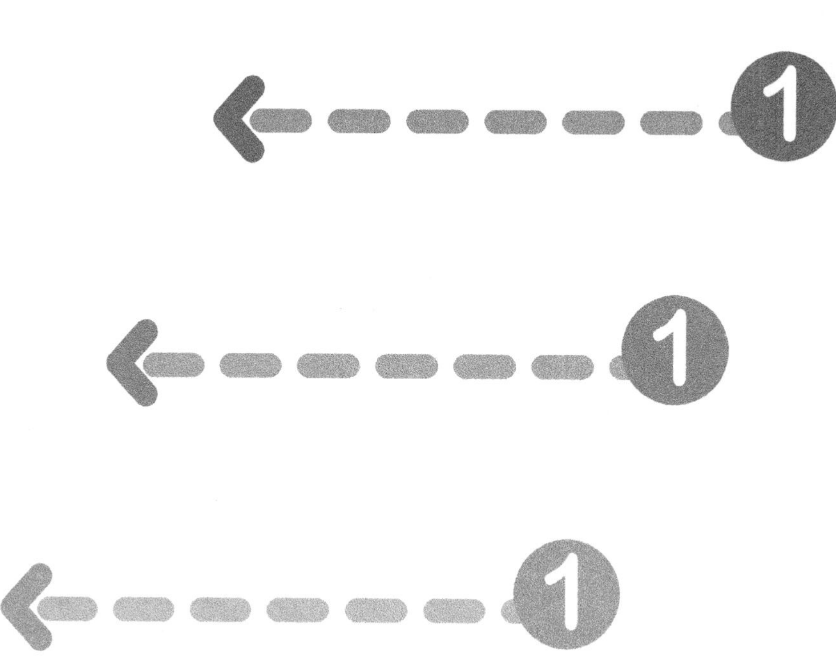

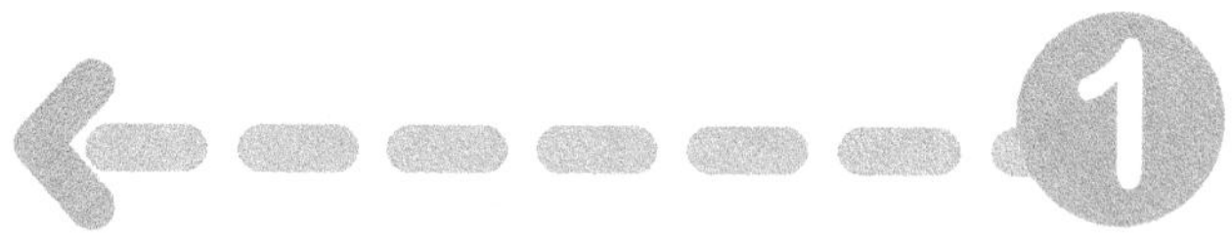

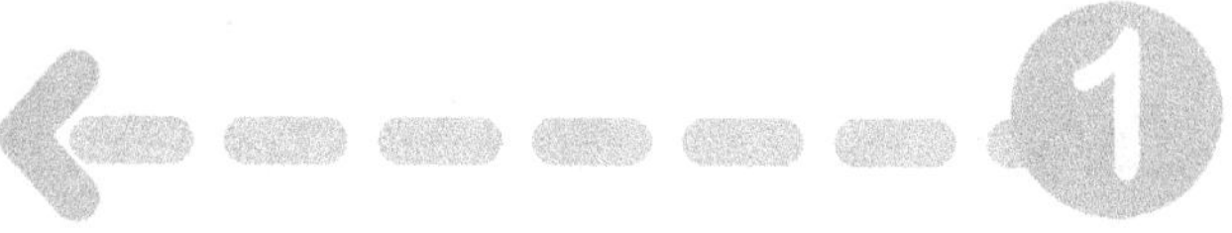

Abbinare gli articoli

traccia le linee per riunire
gli elementi

Dall'alto al basso

traccia le linee tratteggiate
dall'alto verso il basso

Abbinare le immagini

traccia le linee tratteggiate per collegare
le immagini corrispondenti

traccia le linee tratteggiate
verso il basso e intorno

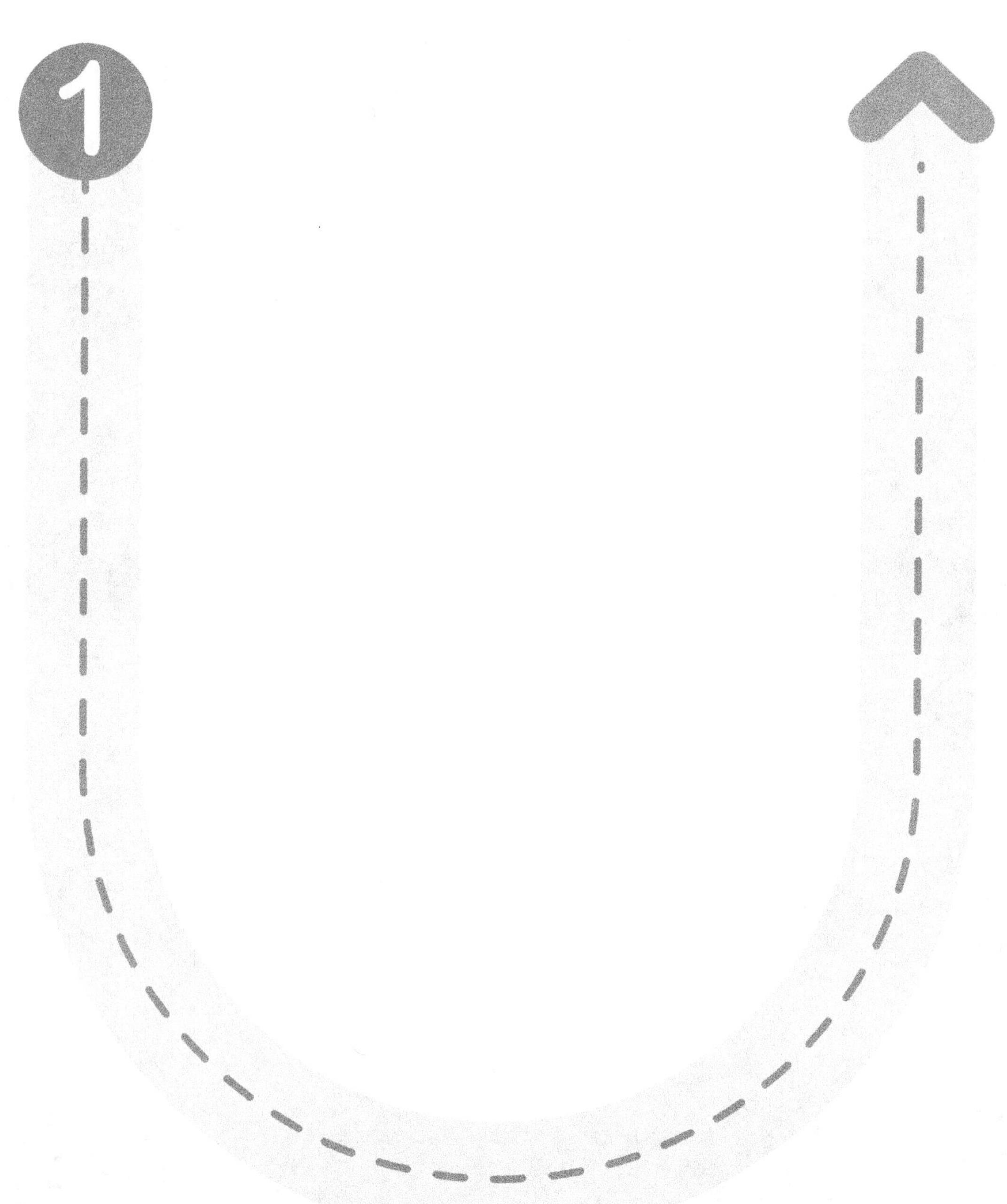

traccia le linee tratteggiate
su e intorno

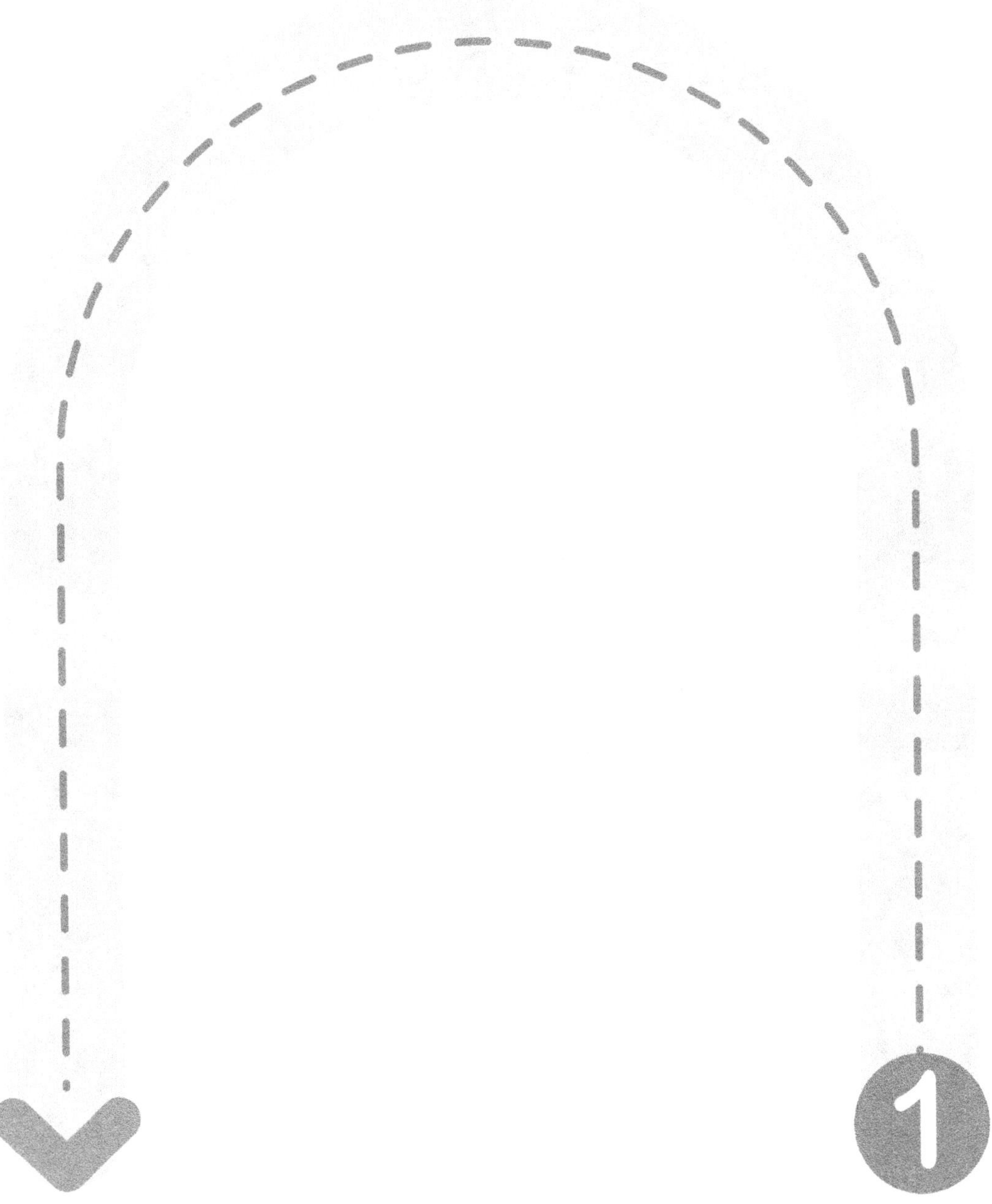

traccia il motivo delle linee curve

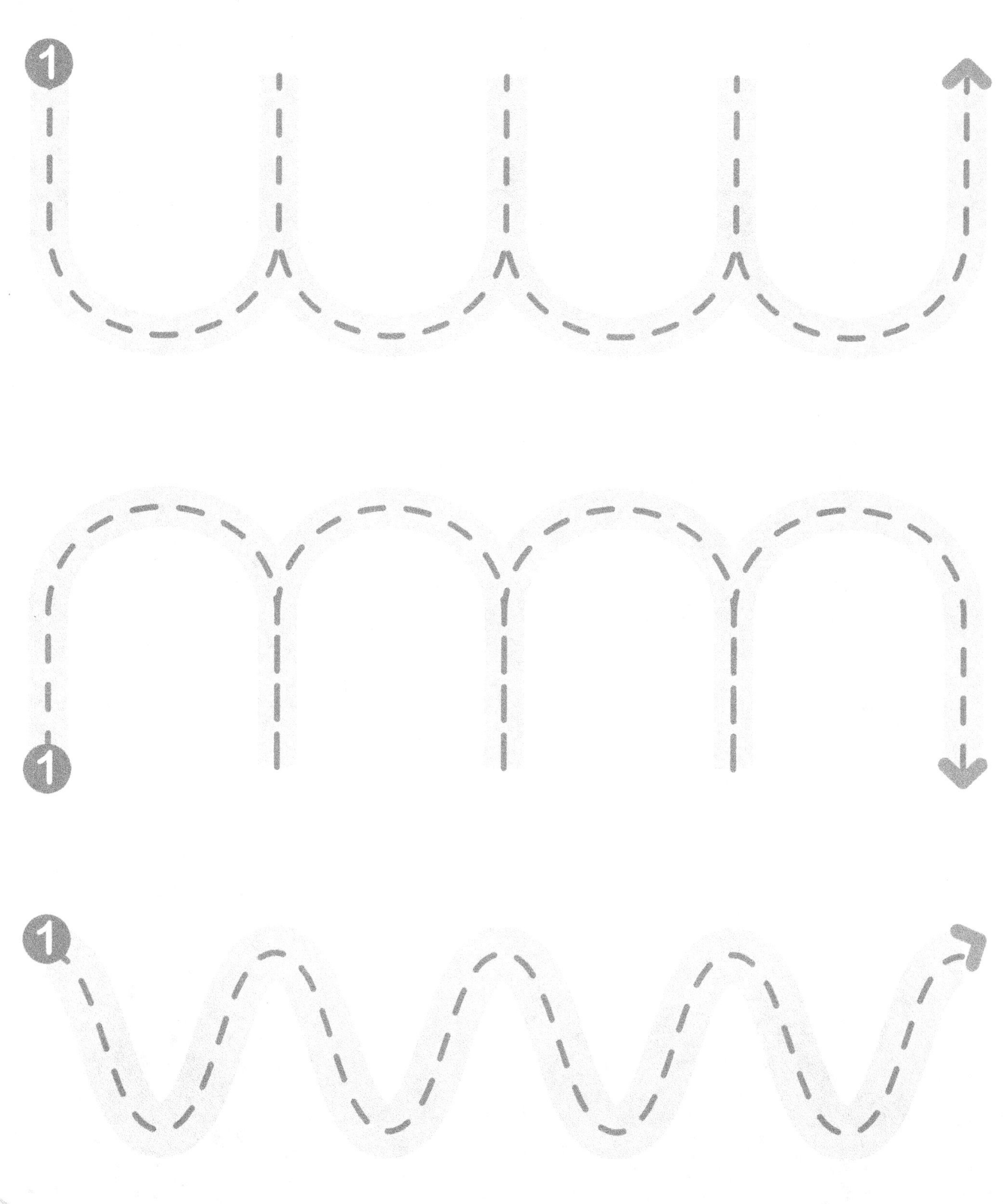

traccia il motivo delle linee rette

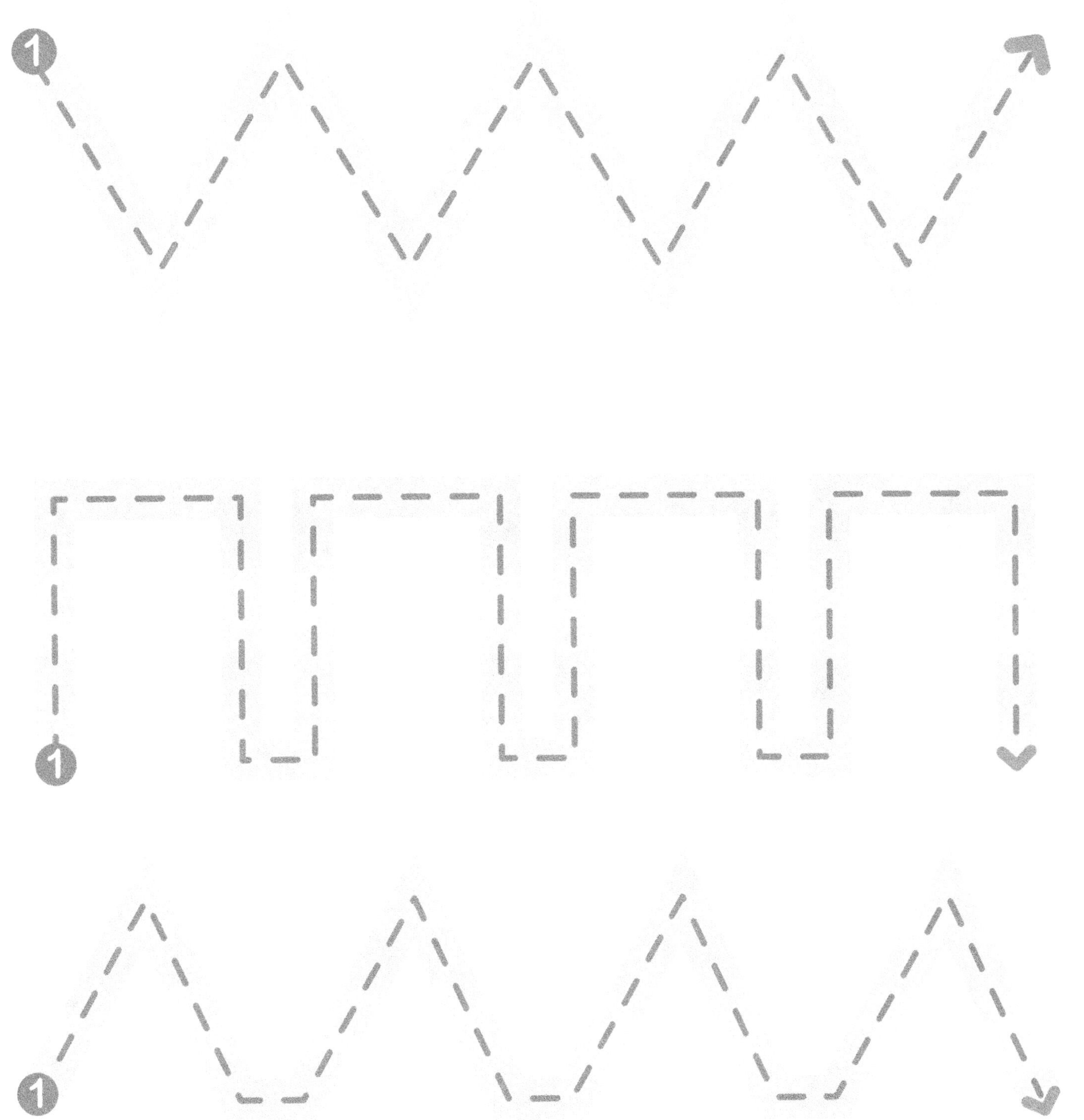

Pratica

tracciatura
di
forme

Quattro

Quattro

Cerchio

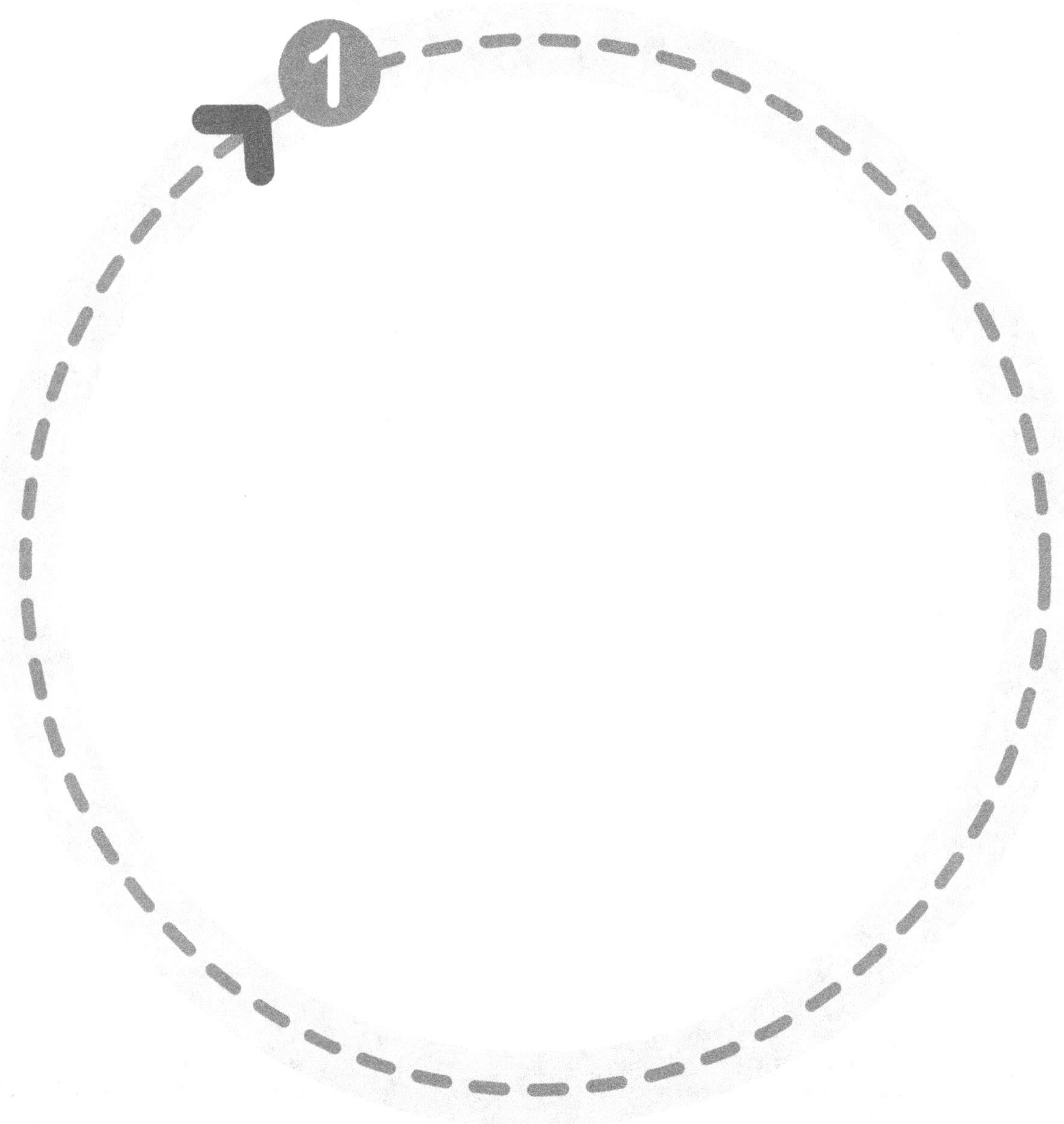

Cerchio

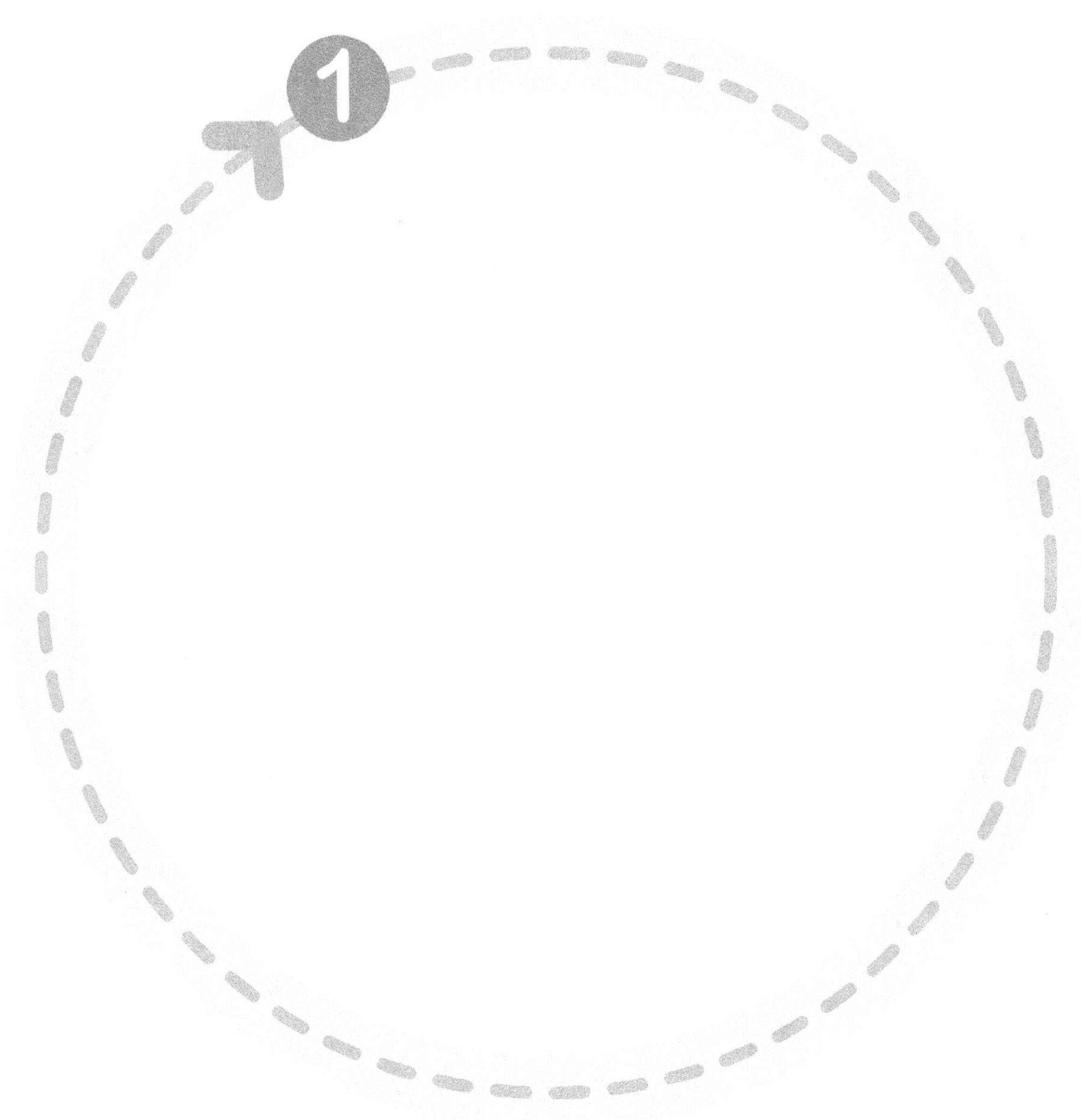

Rettangolo

Rettangolo

Triangolo

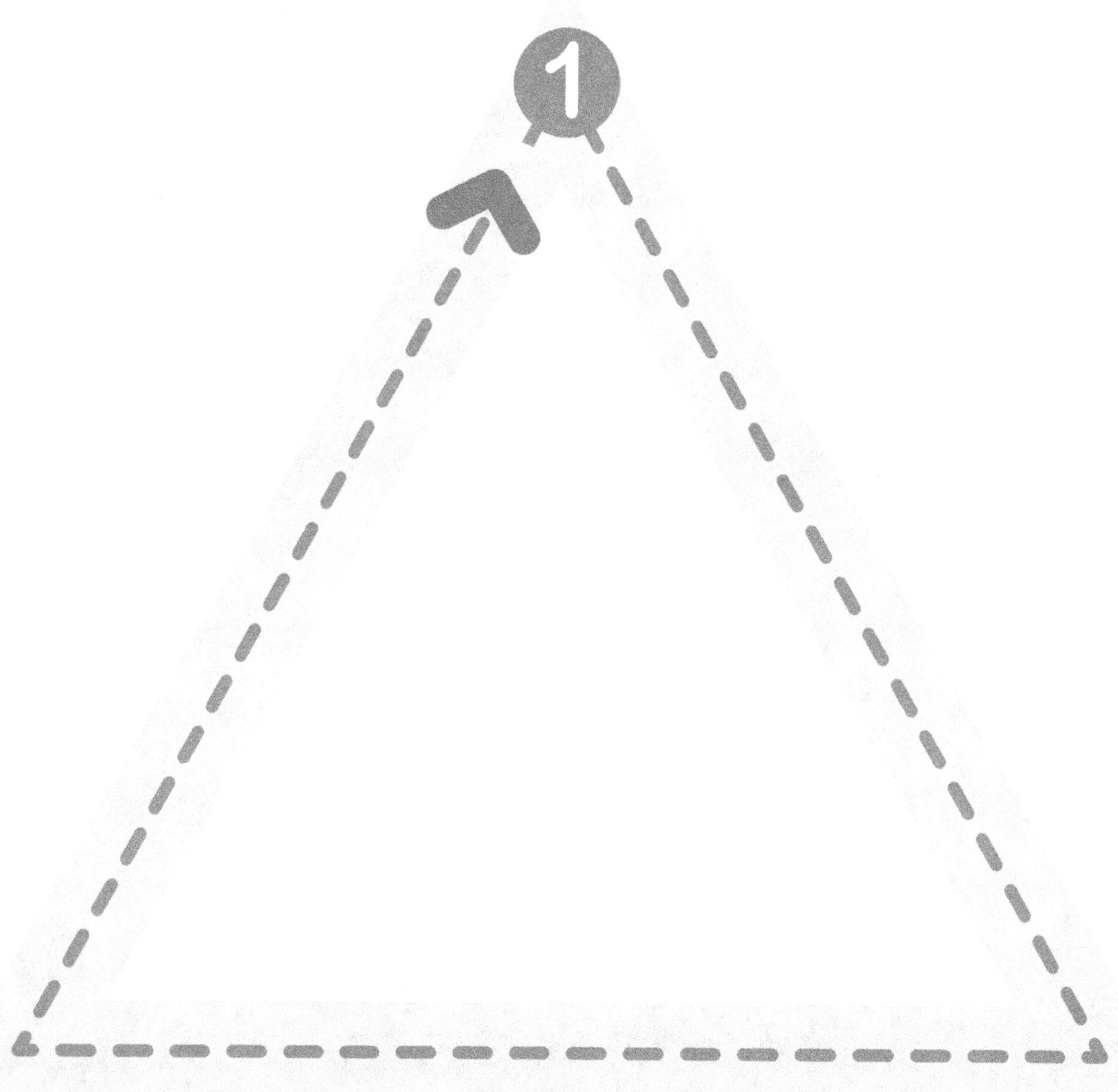

Triangolo

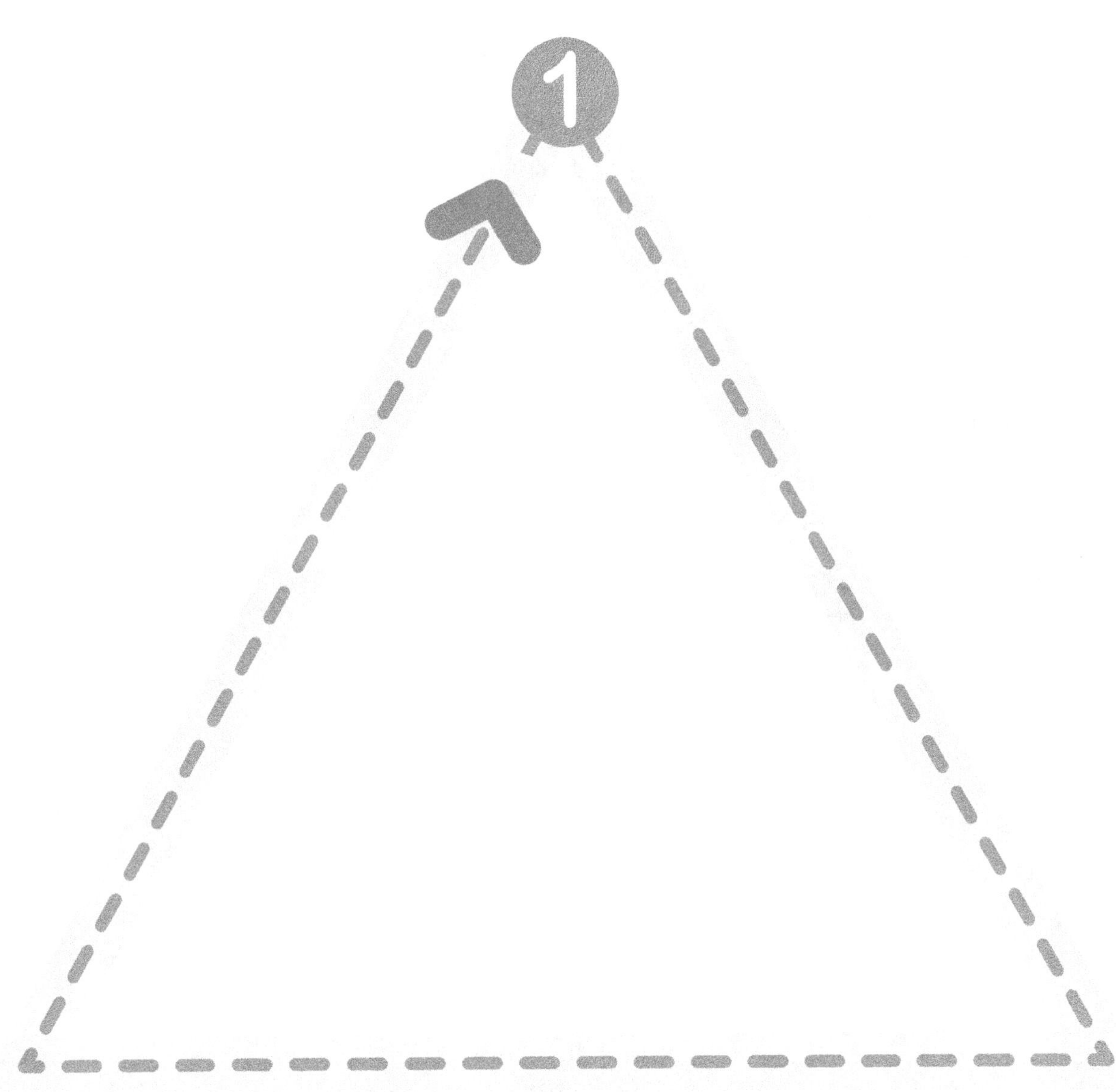

Ovale

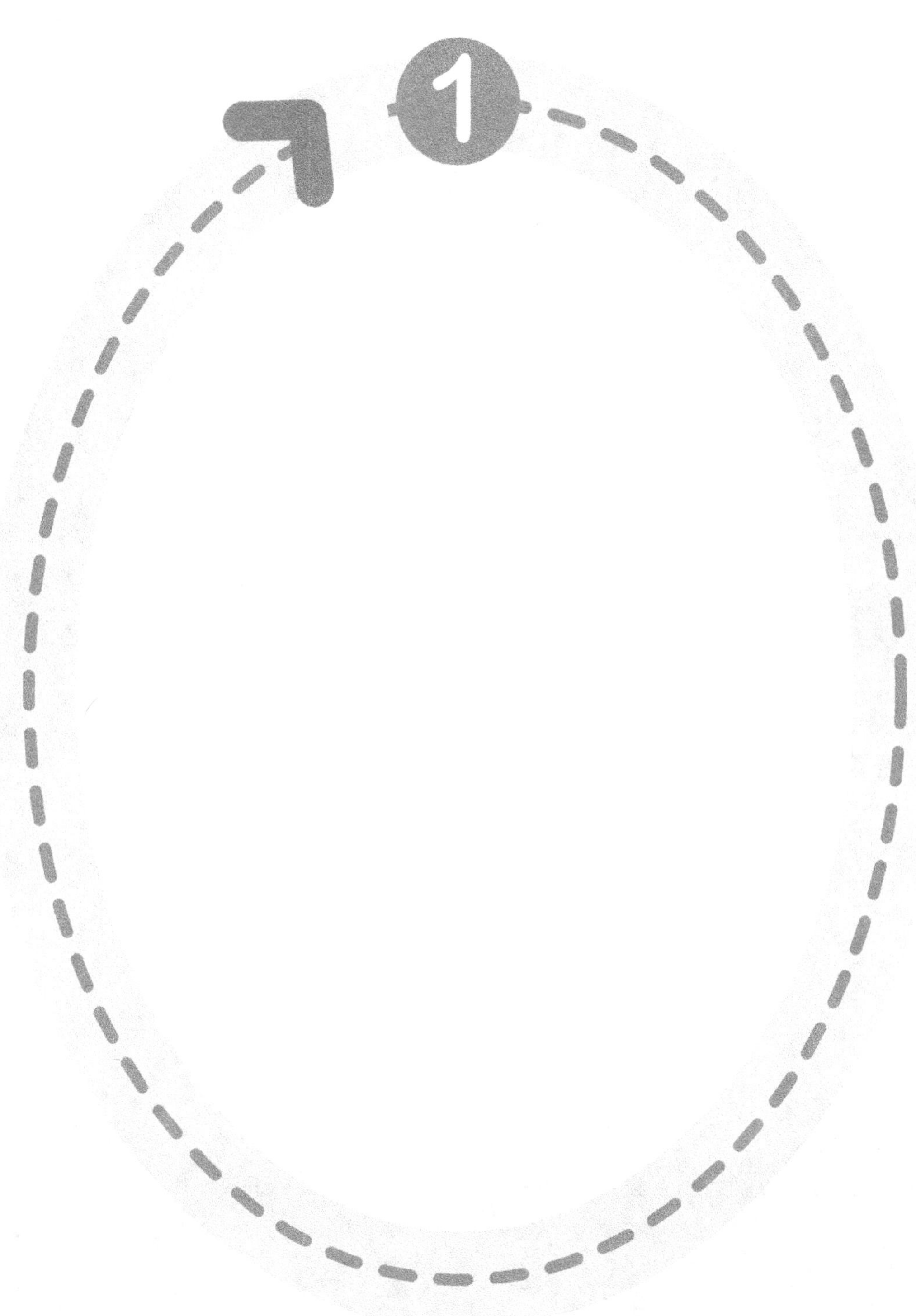

Ovale

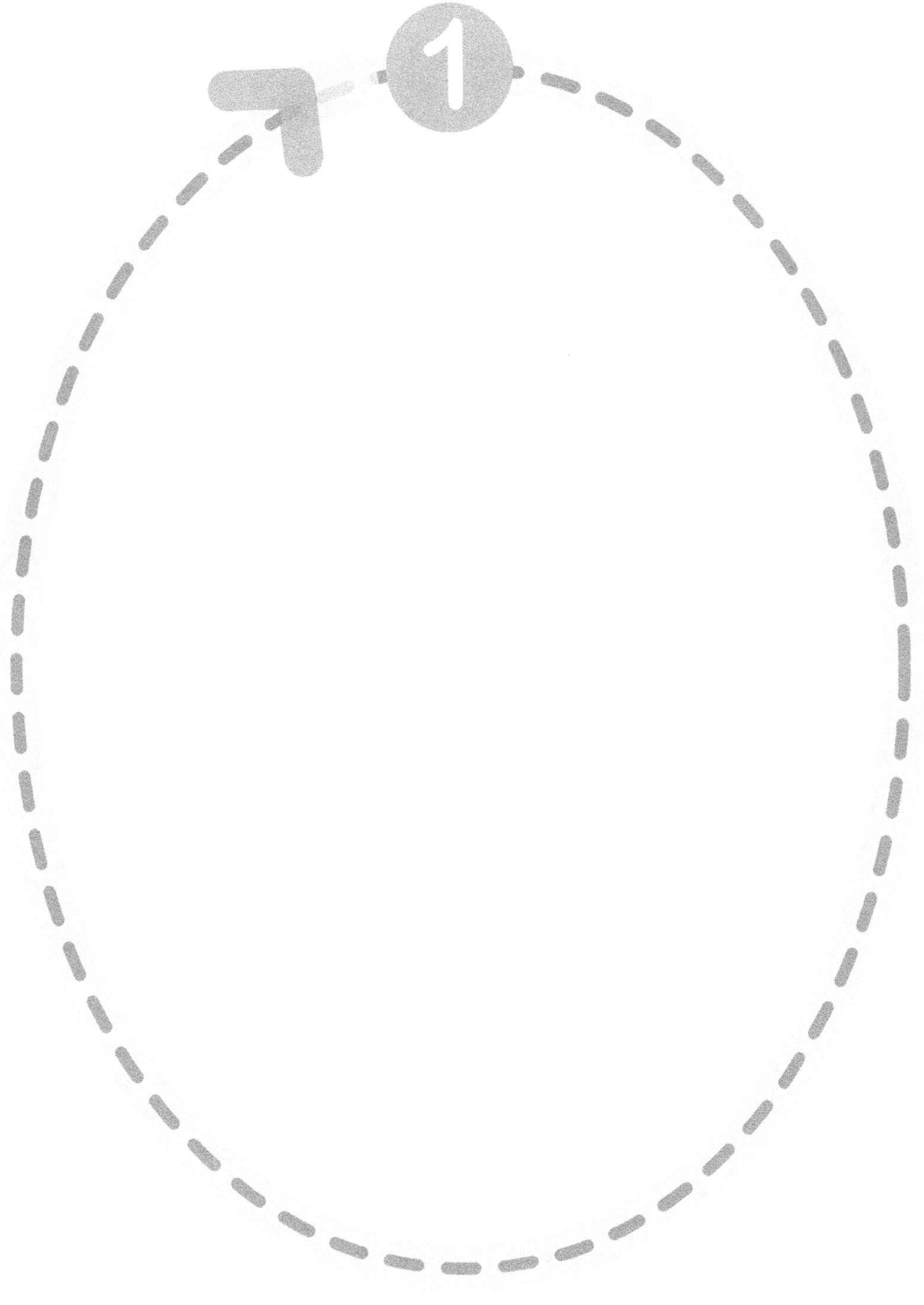

Stella

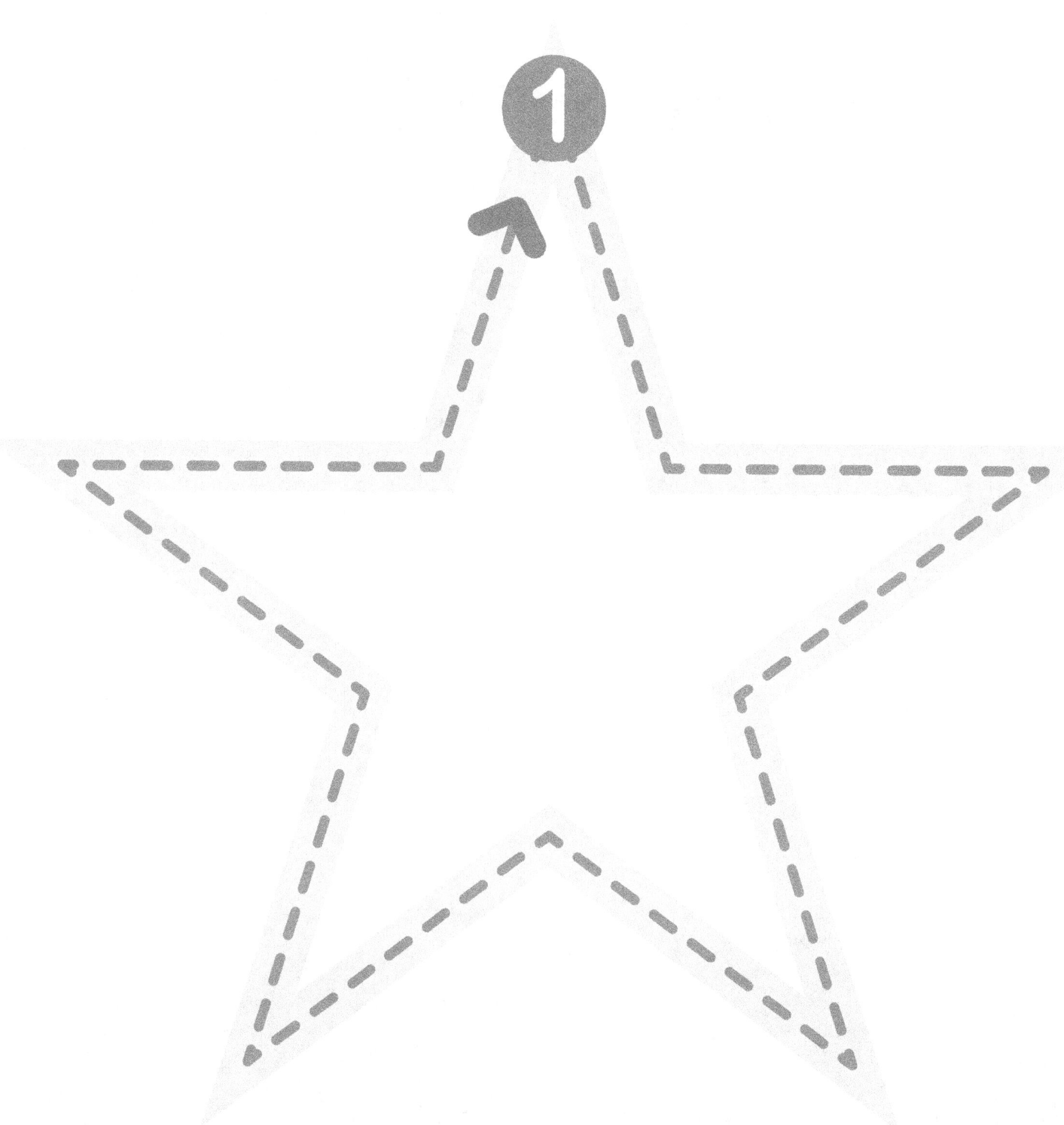

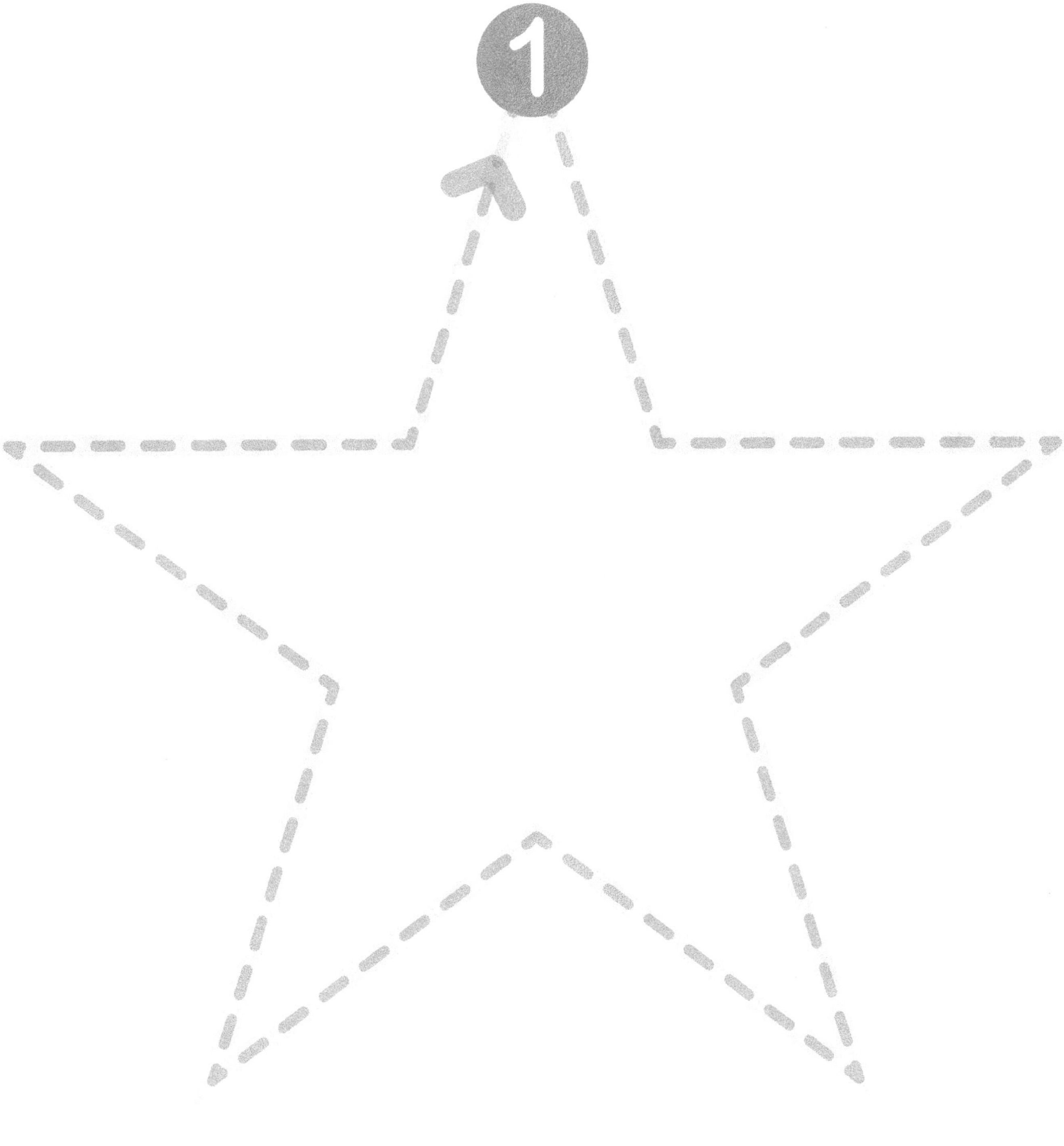

Cuore

Cuore

Tracciamento delle lettere

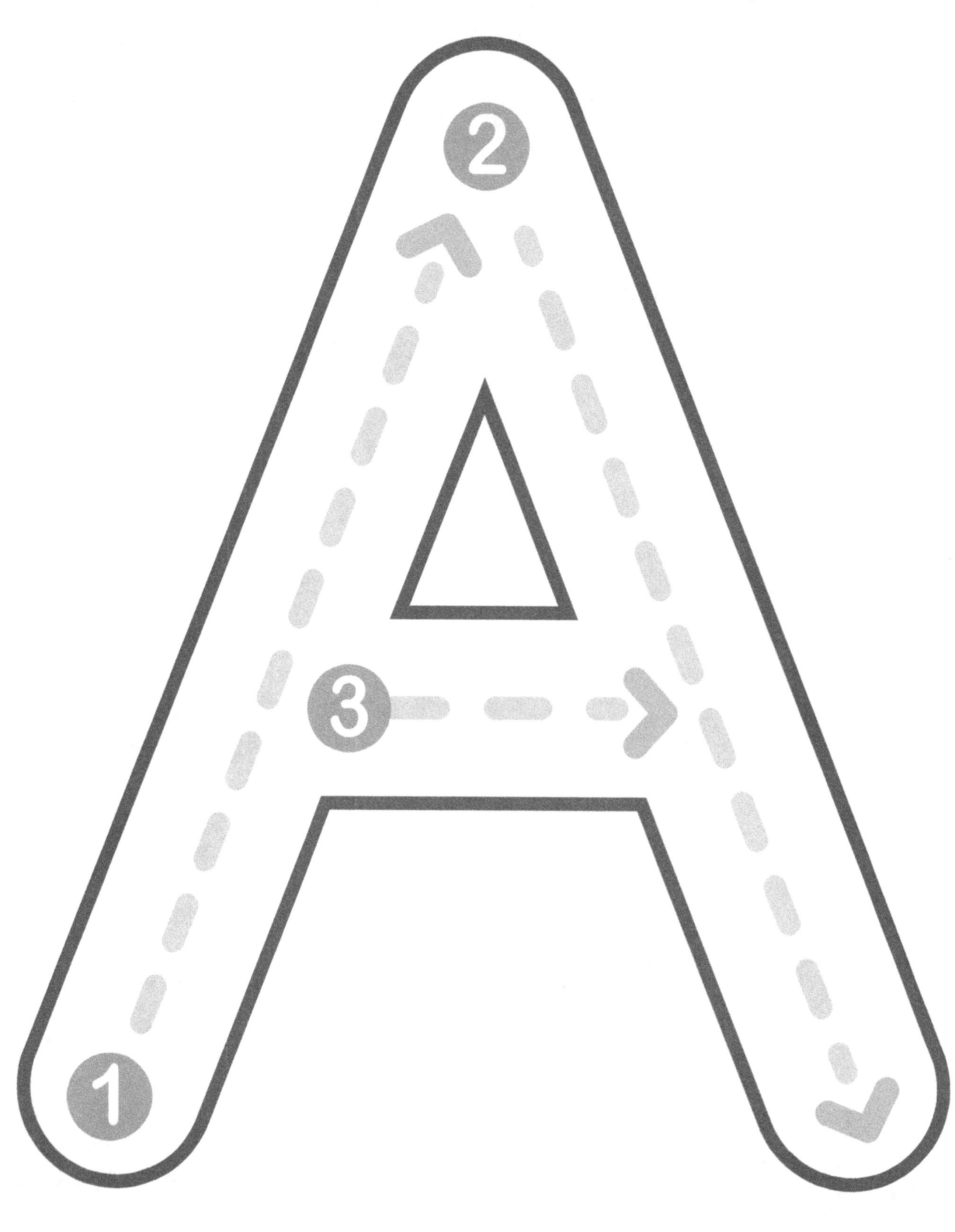

2
3
1

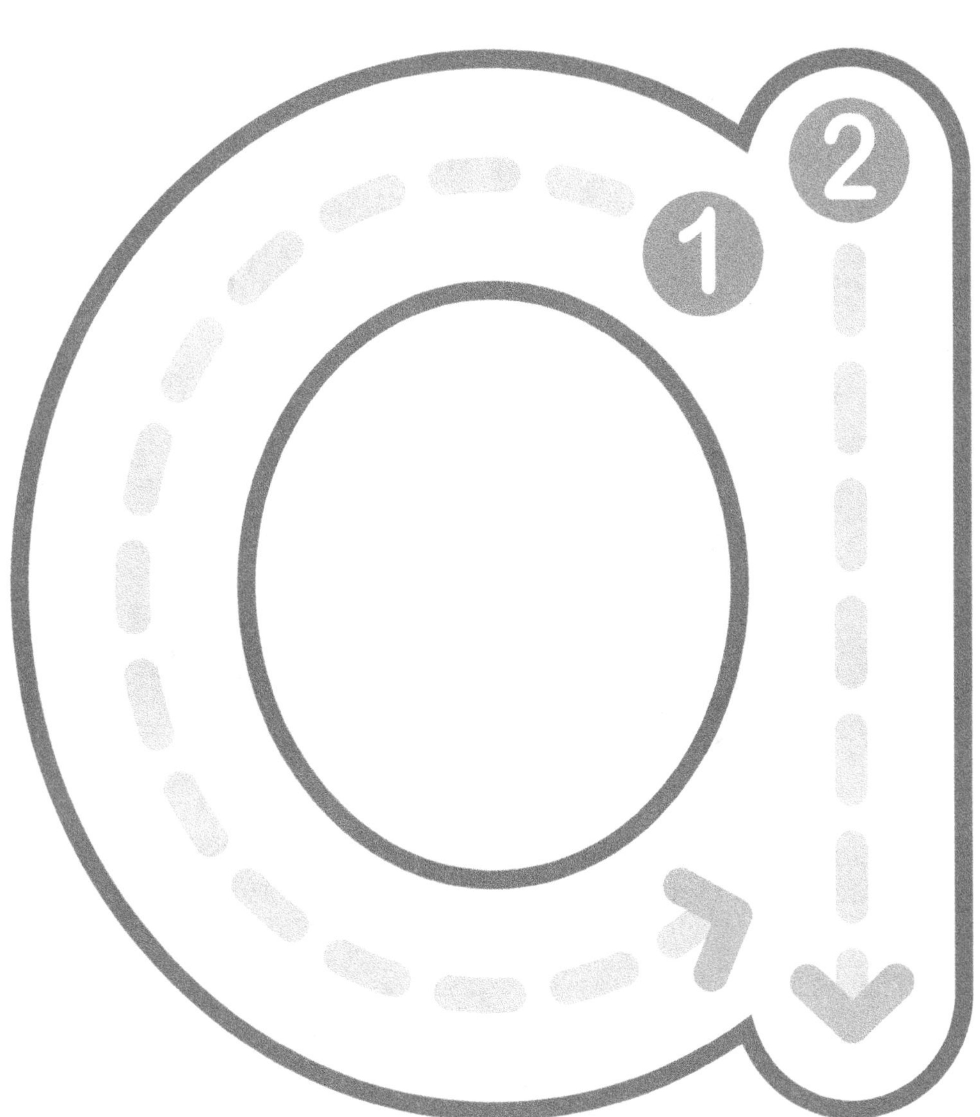

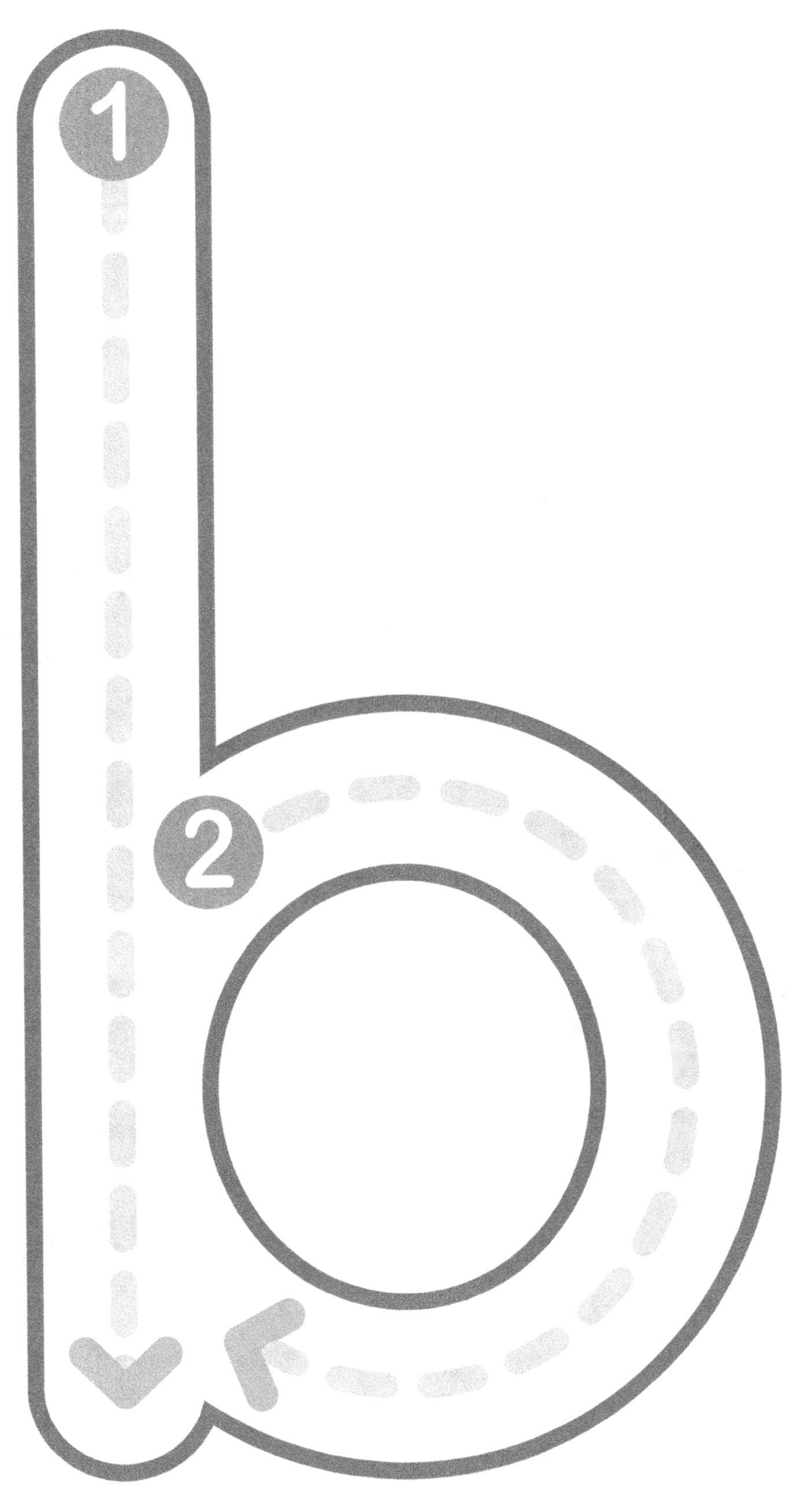

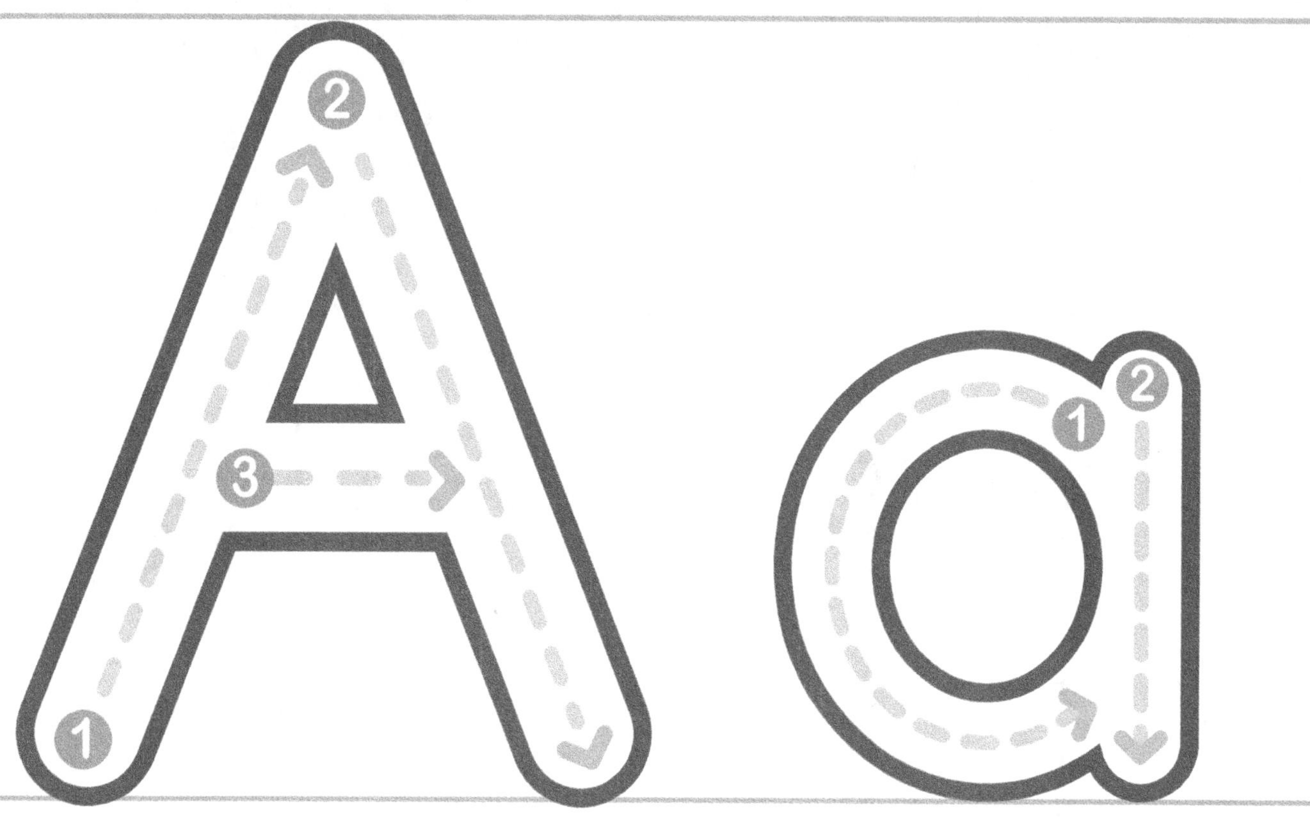

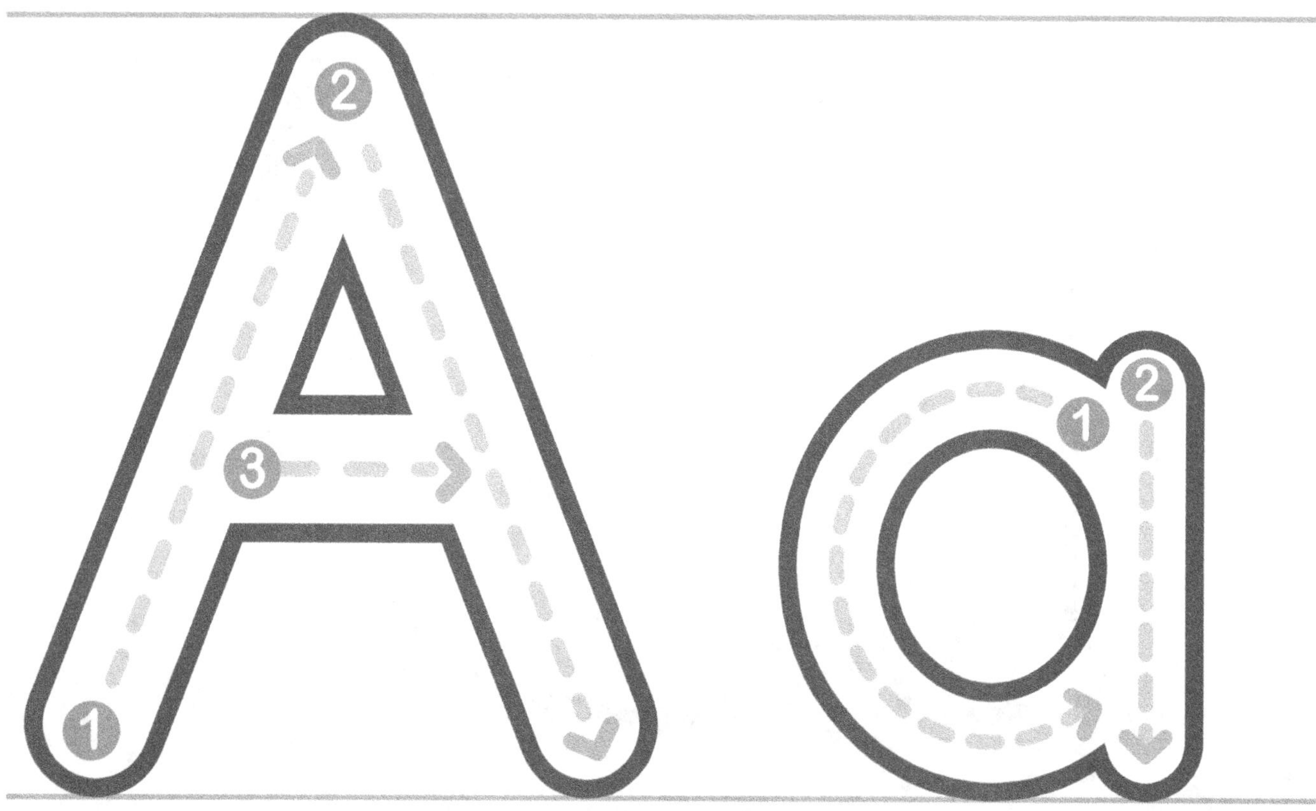

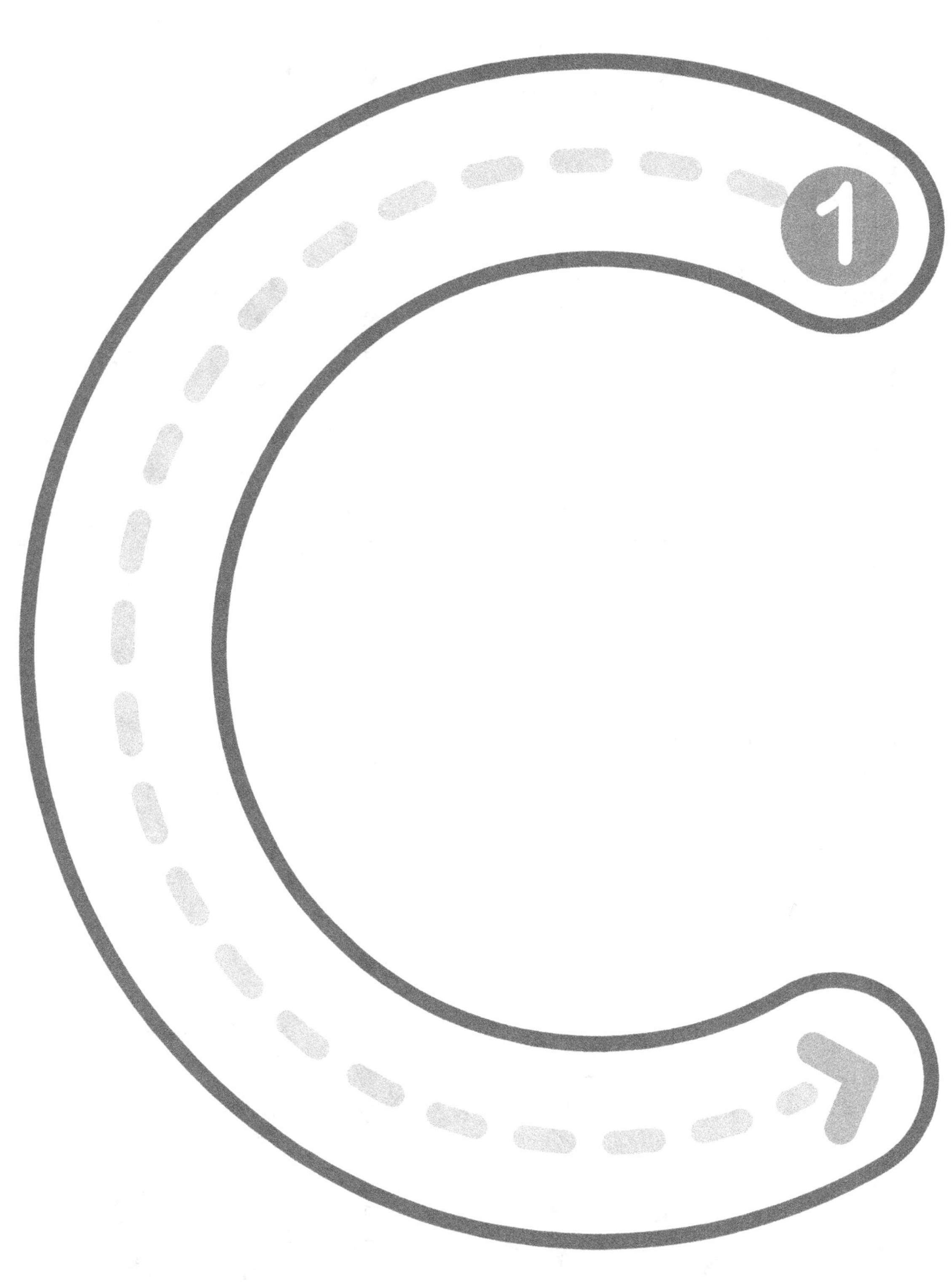

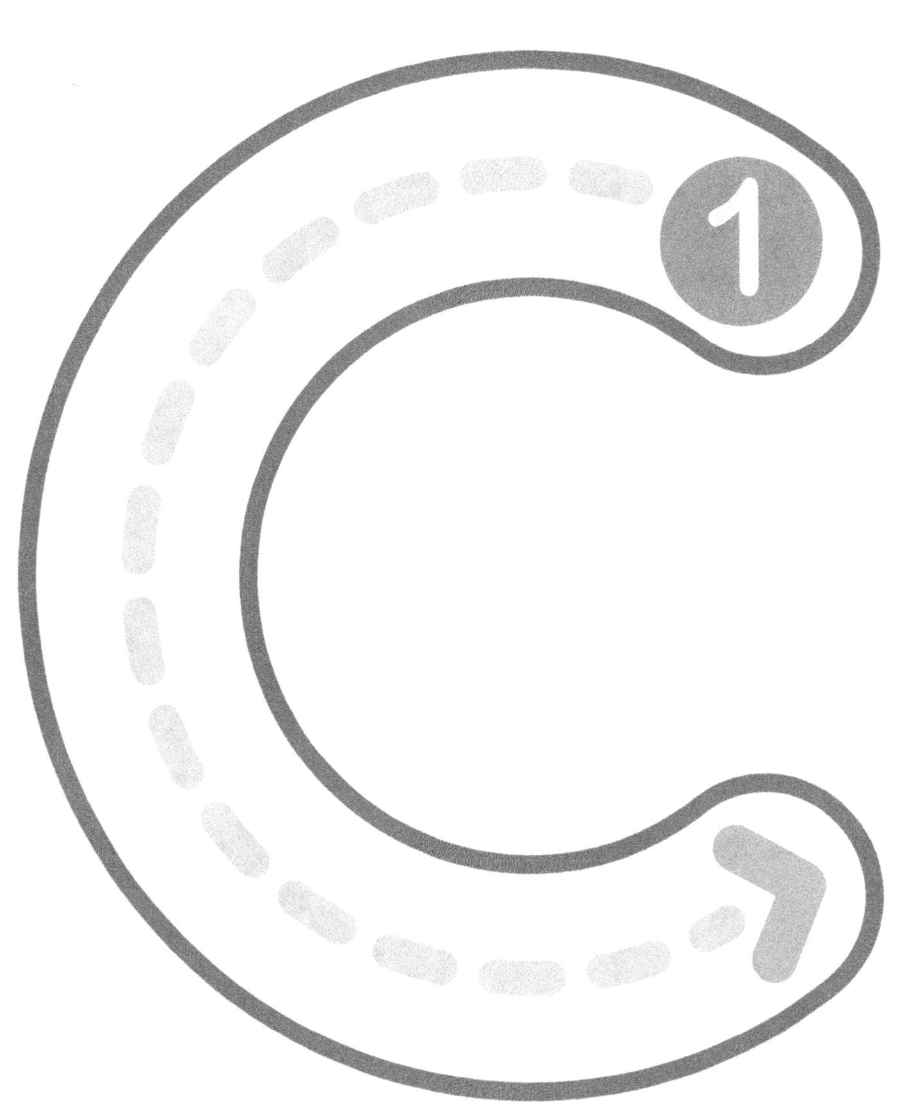

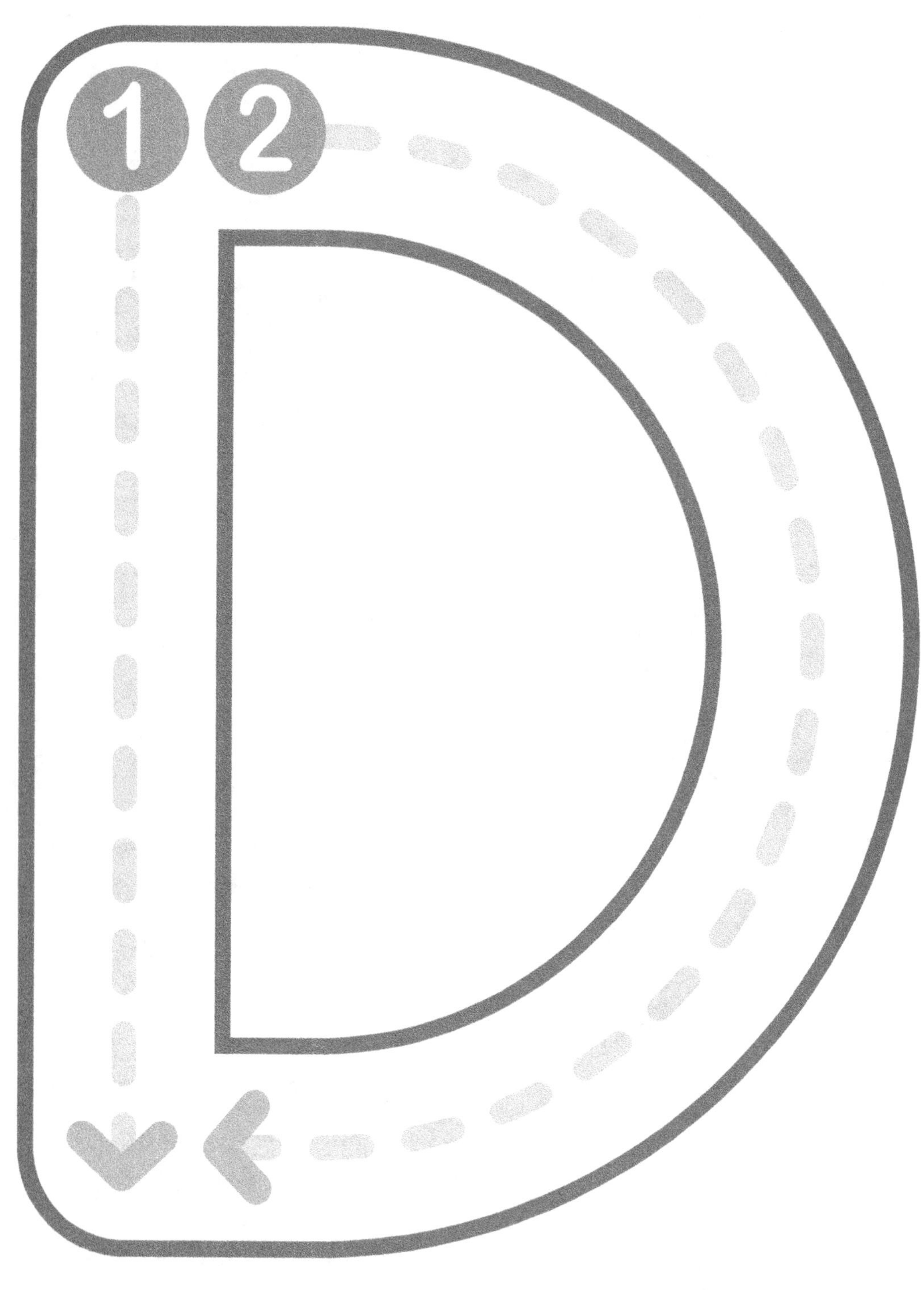

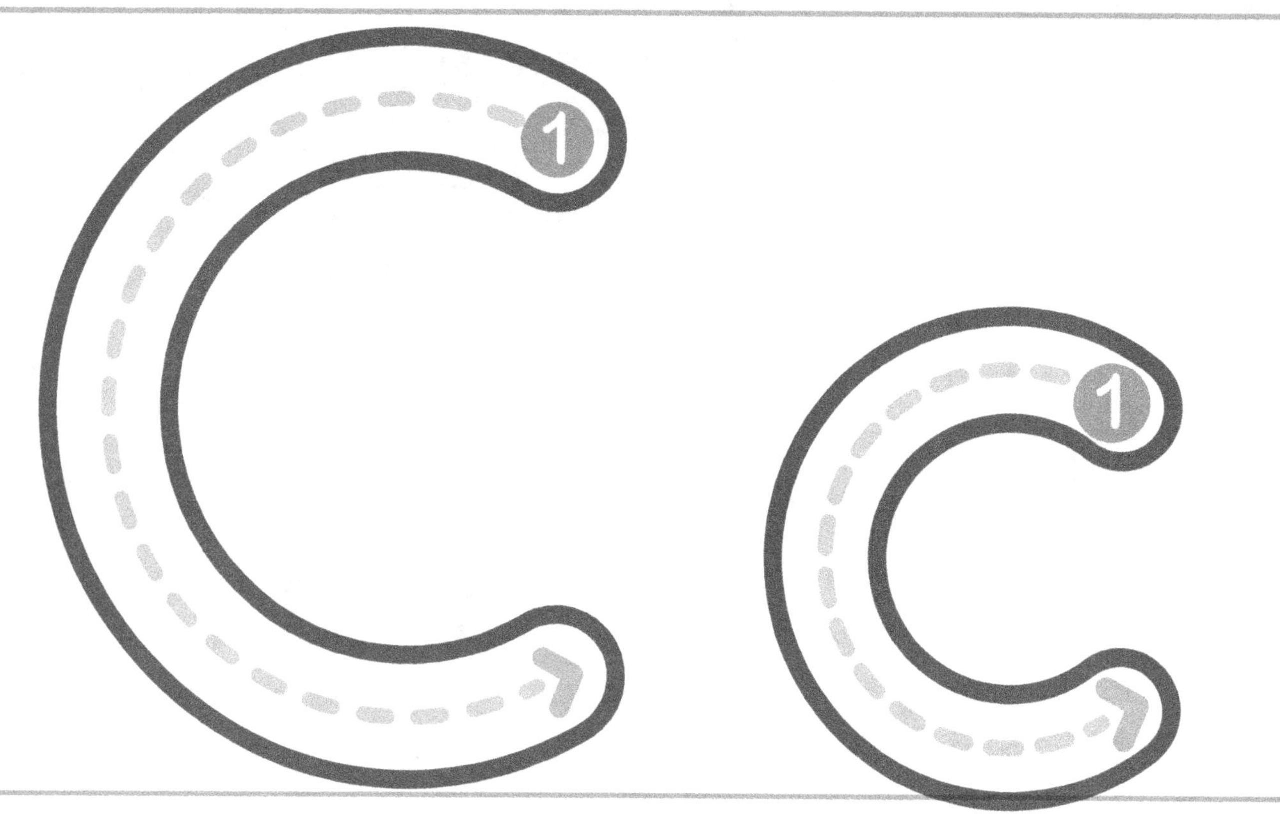

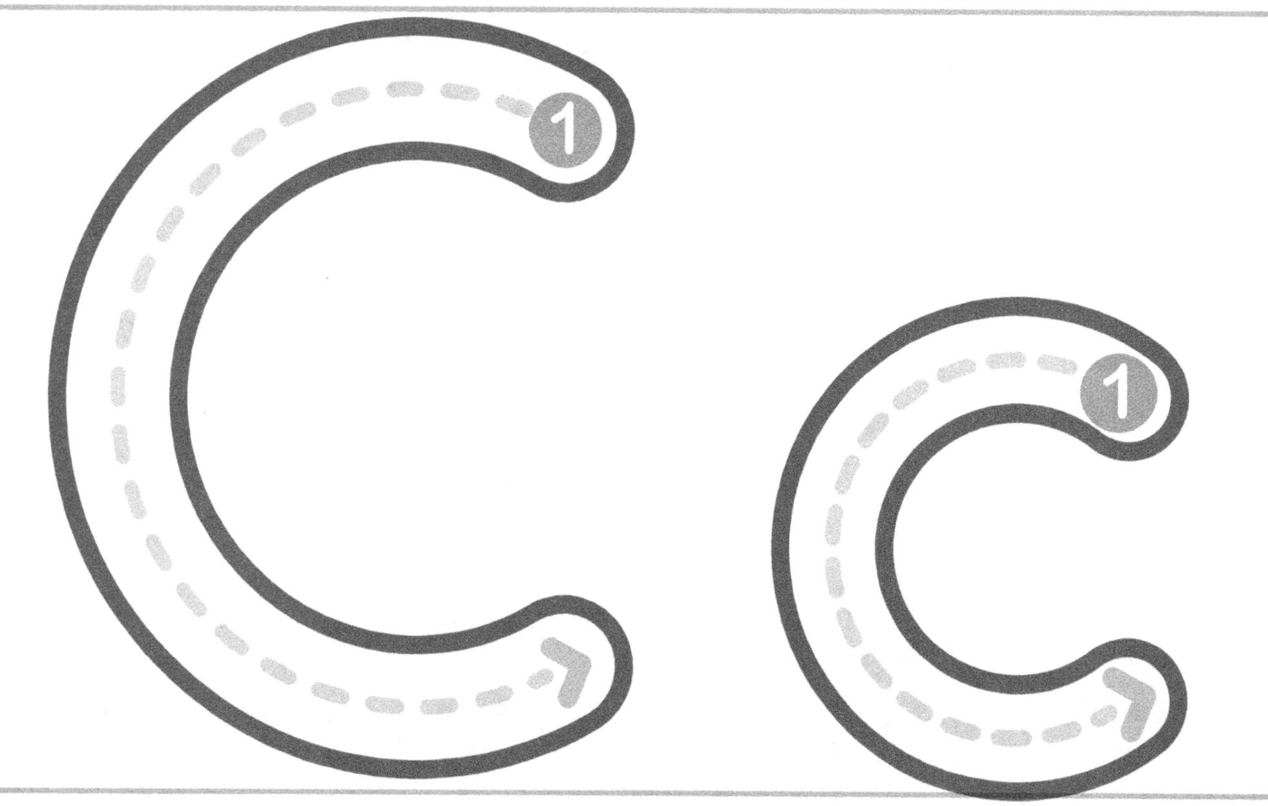

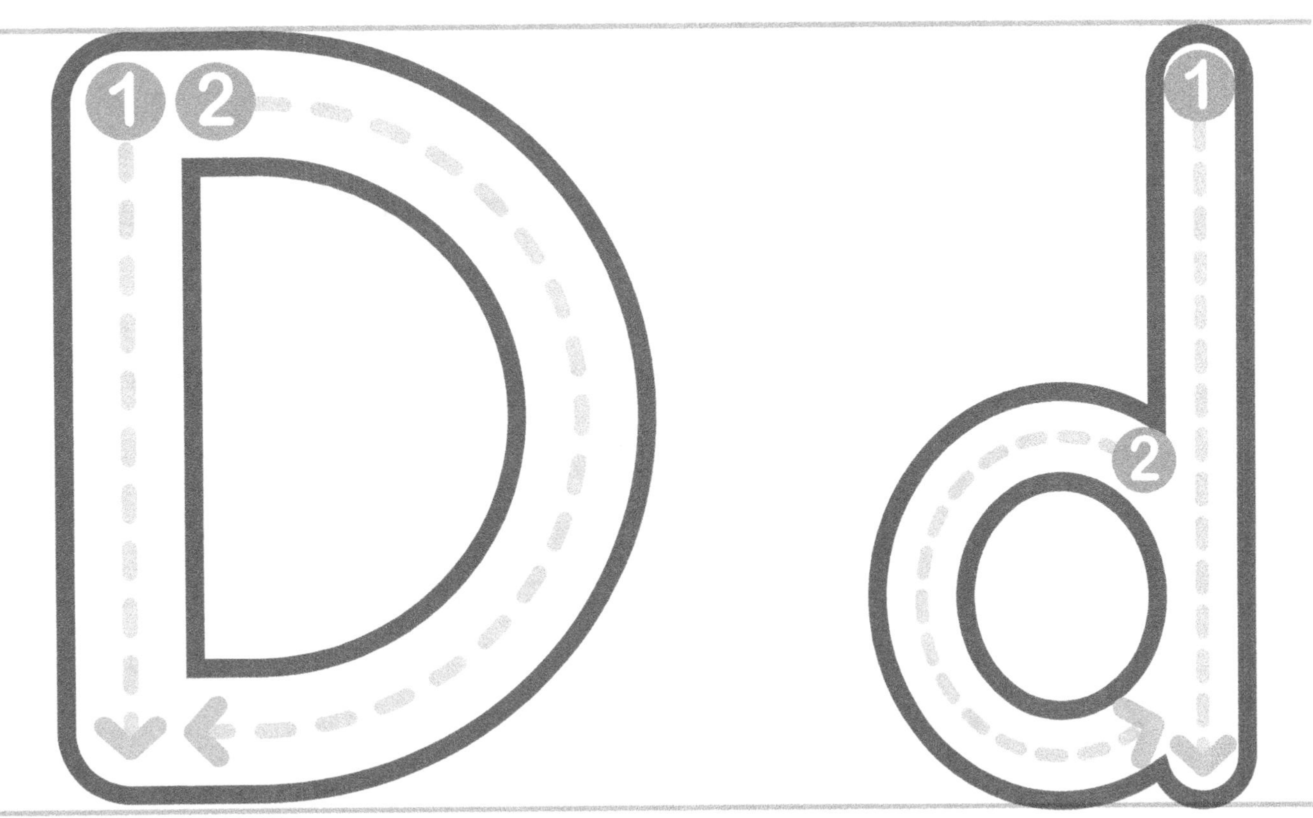

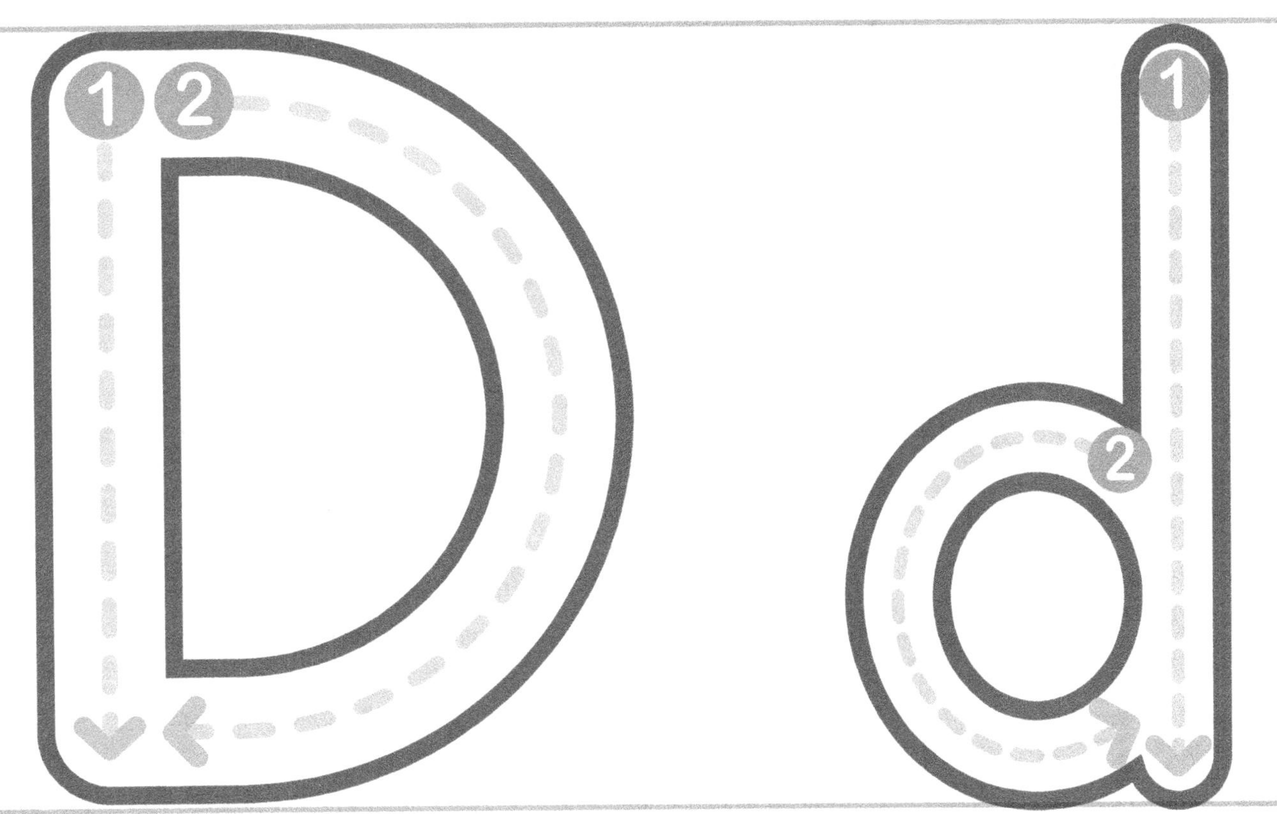

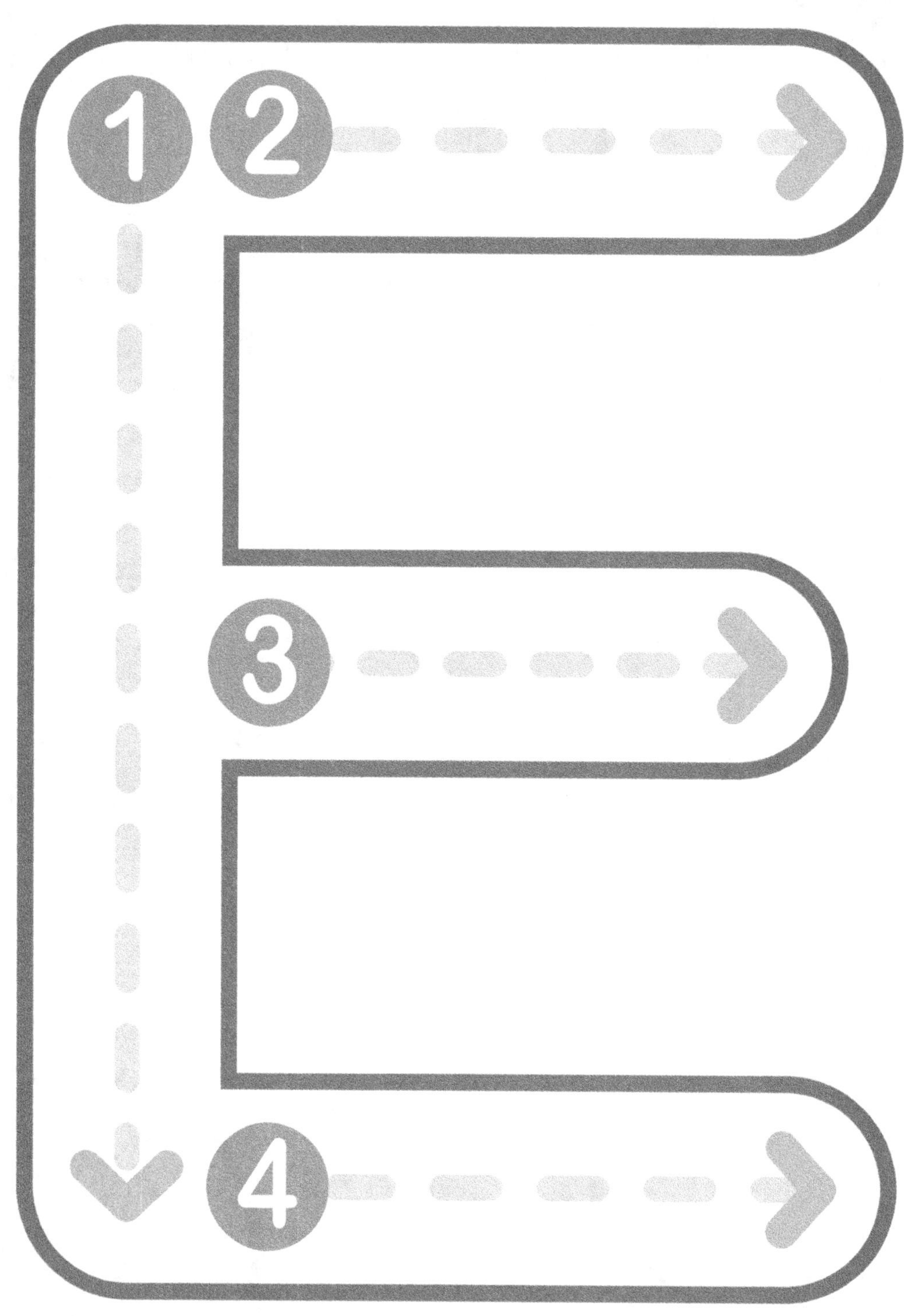

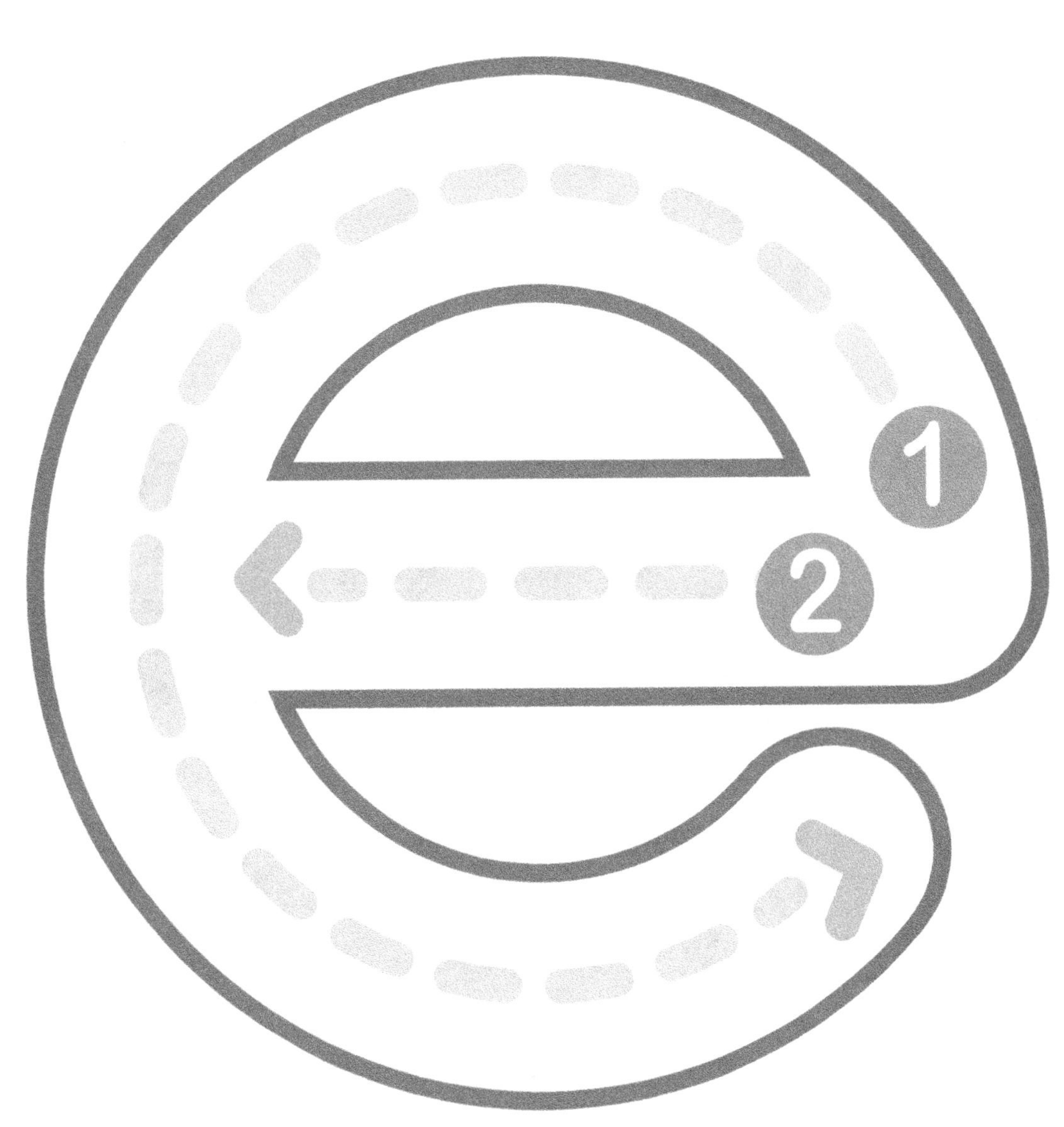

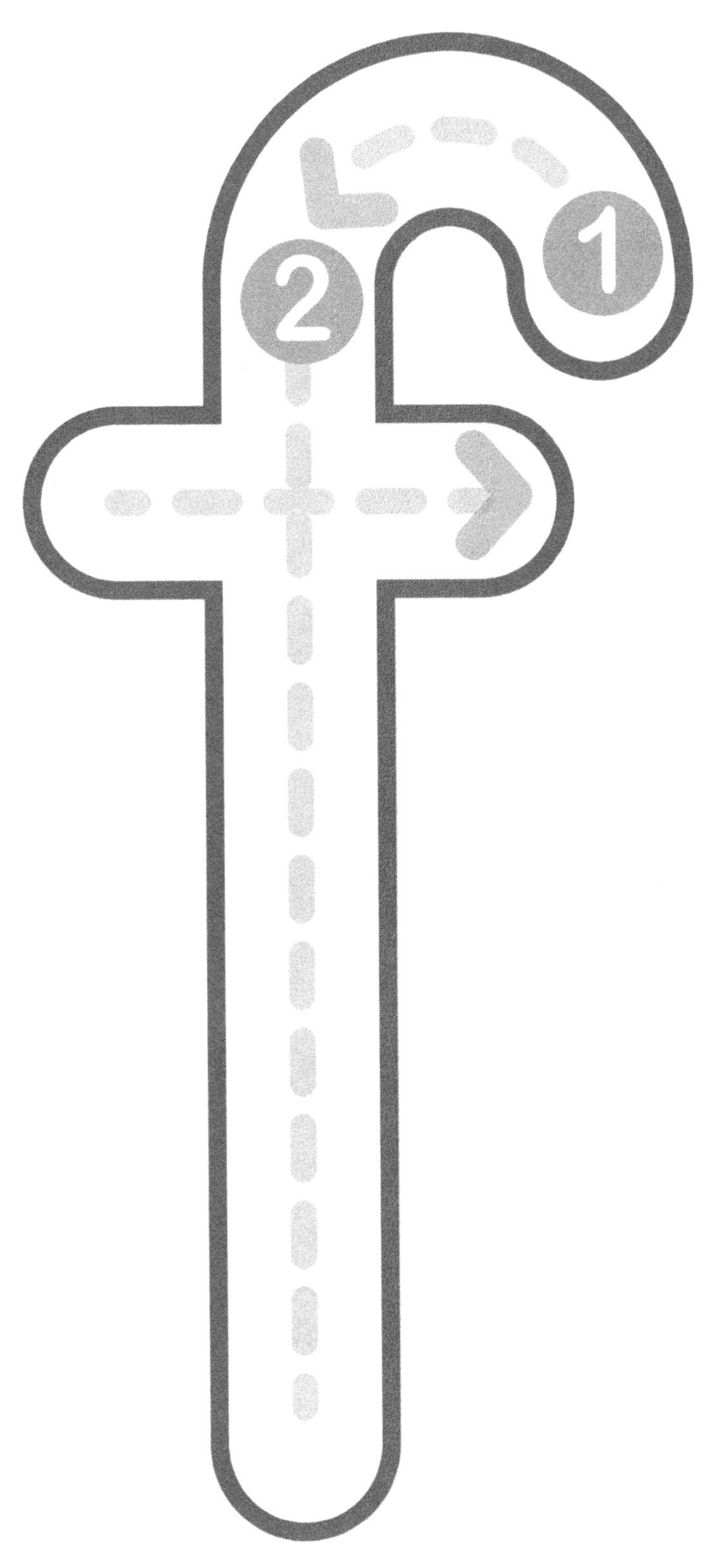

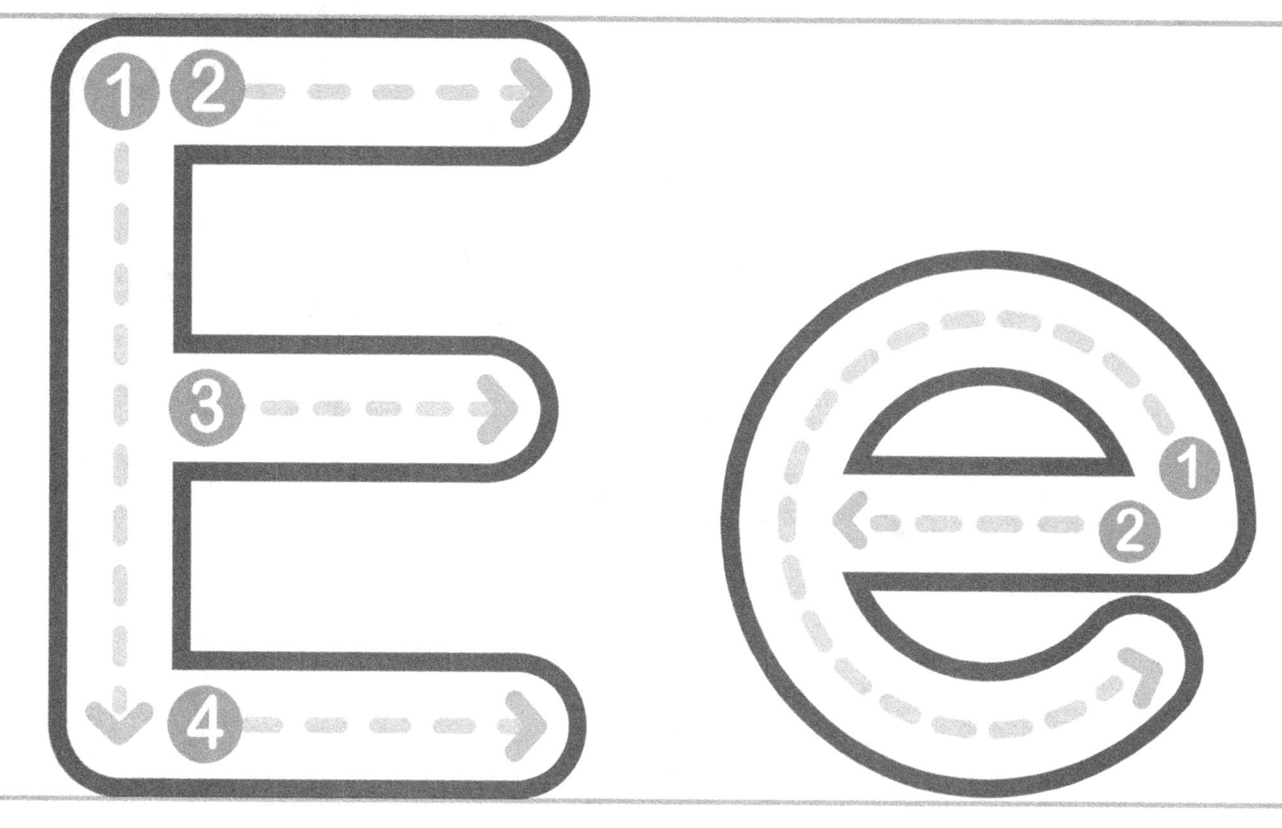

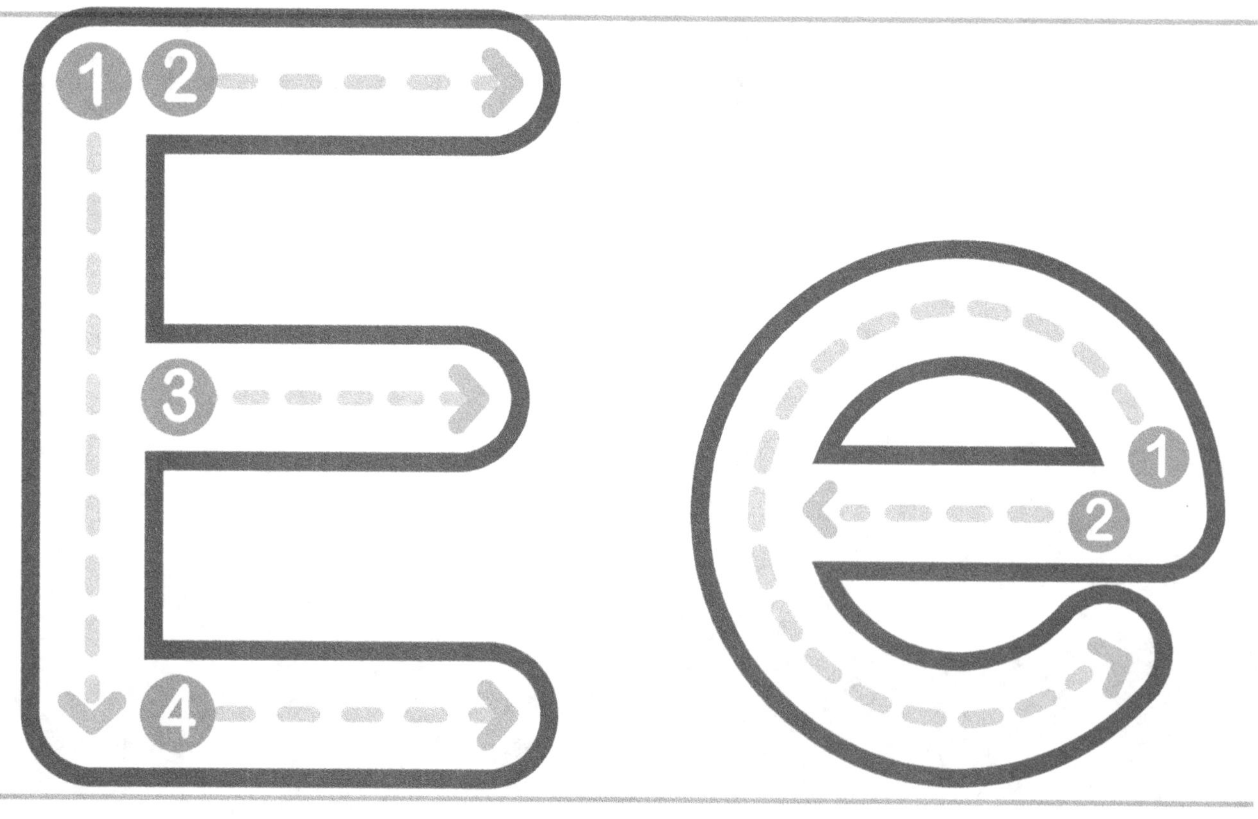

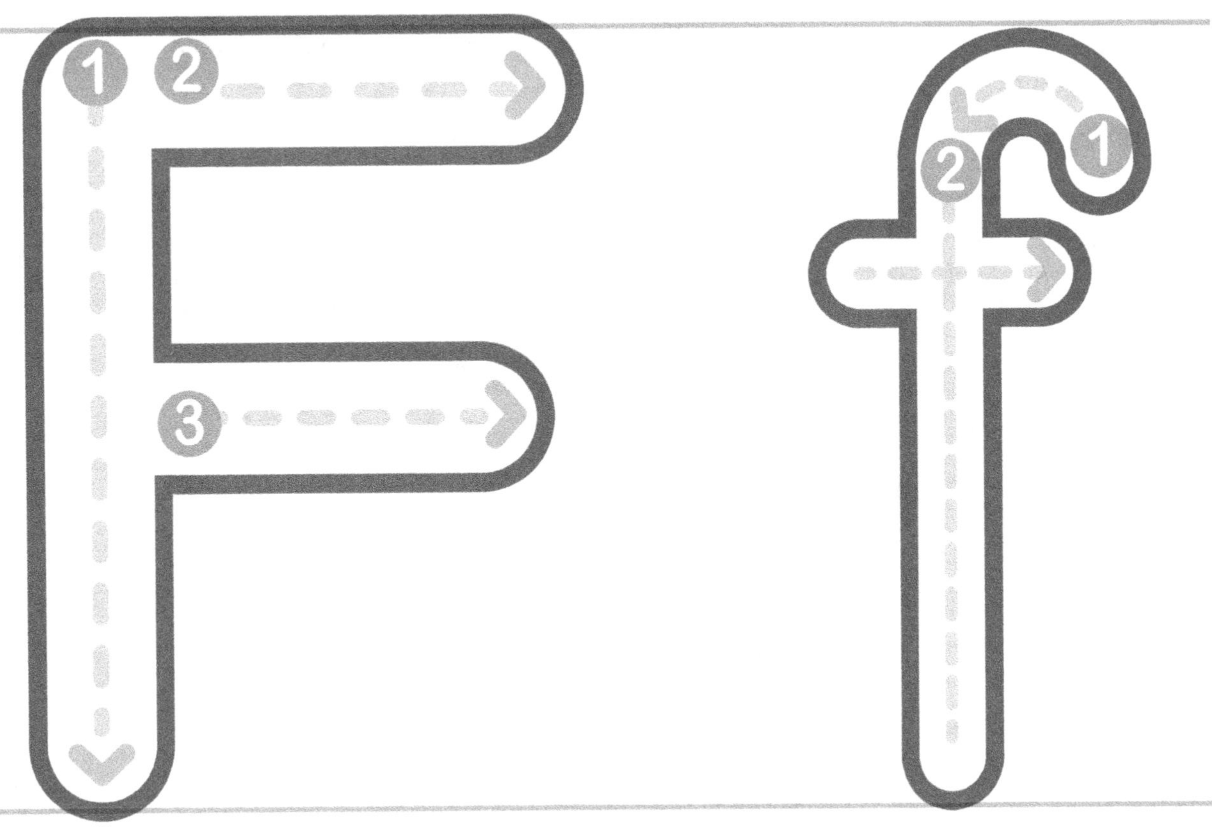

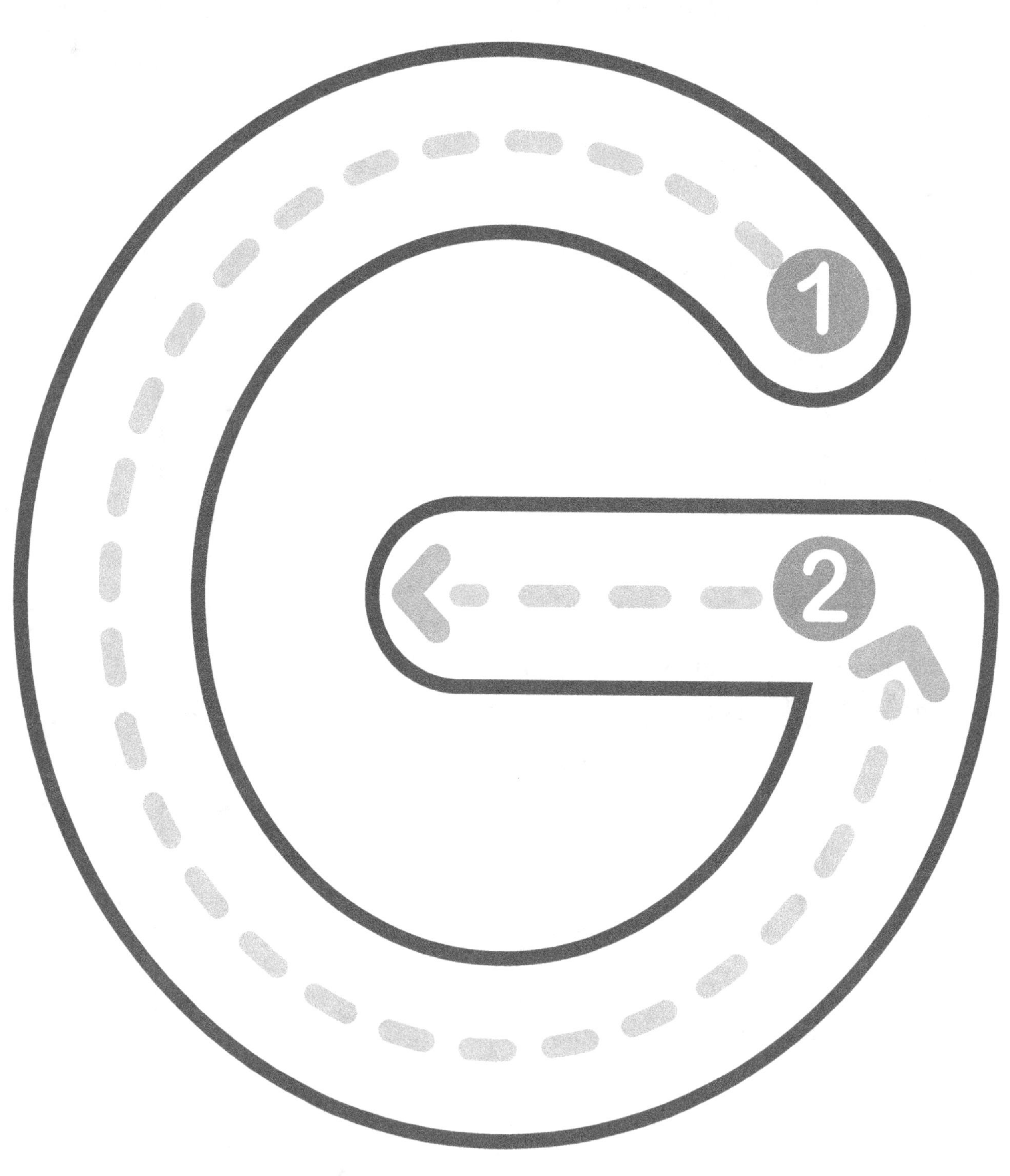

1
2

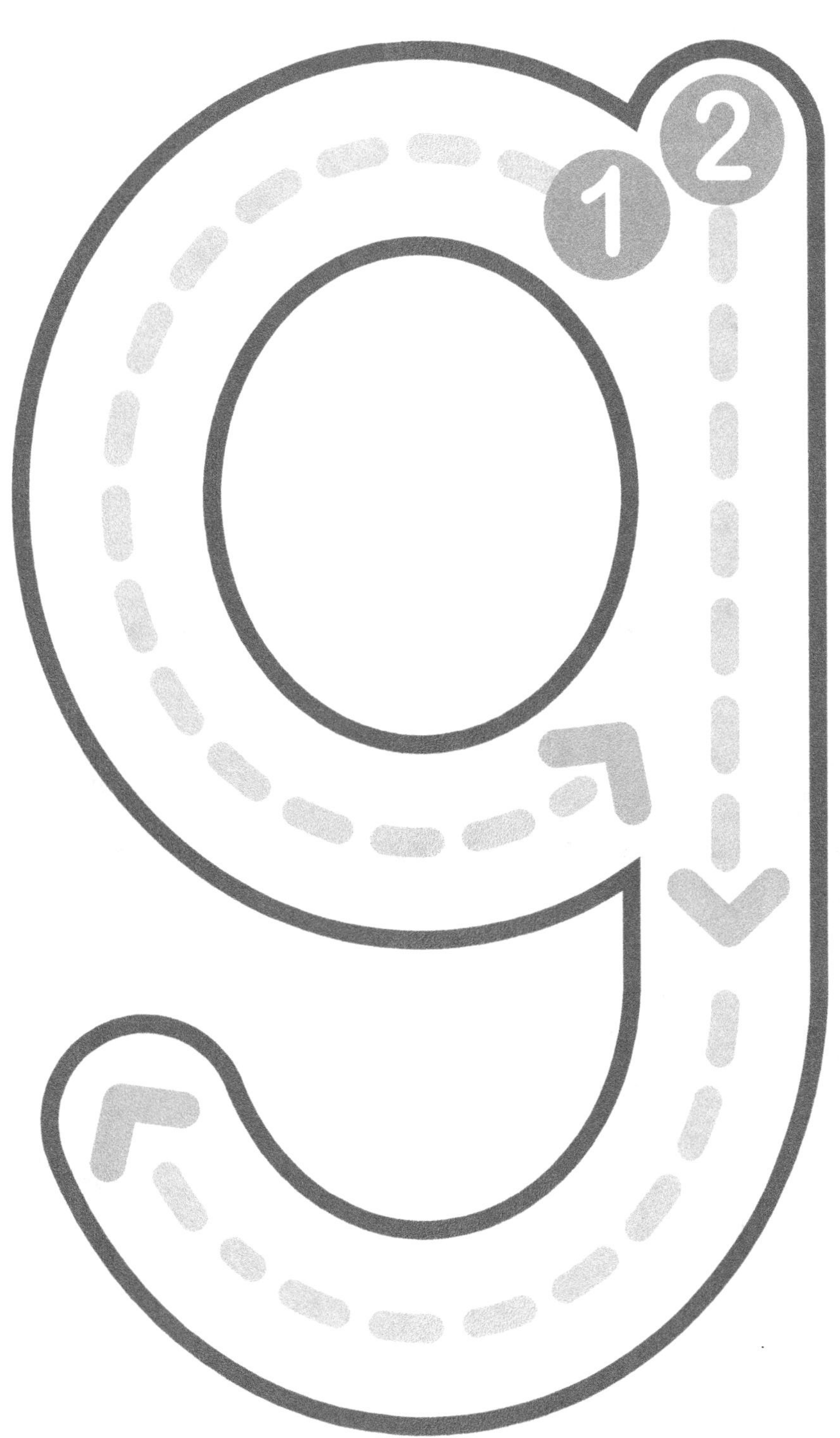

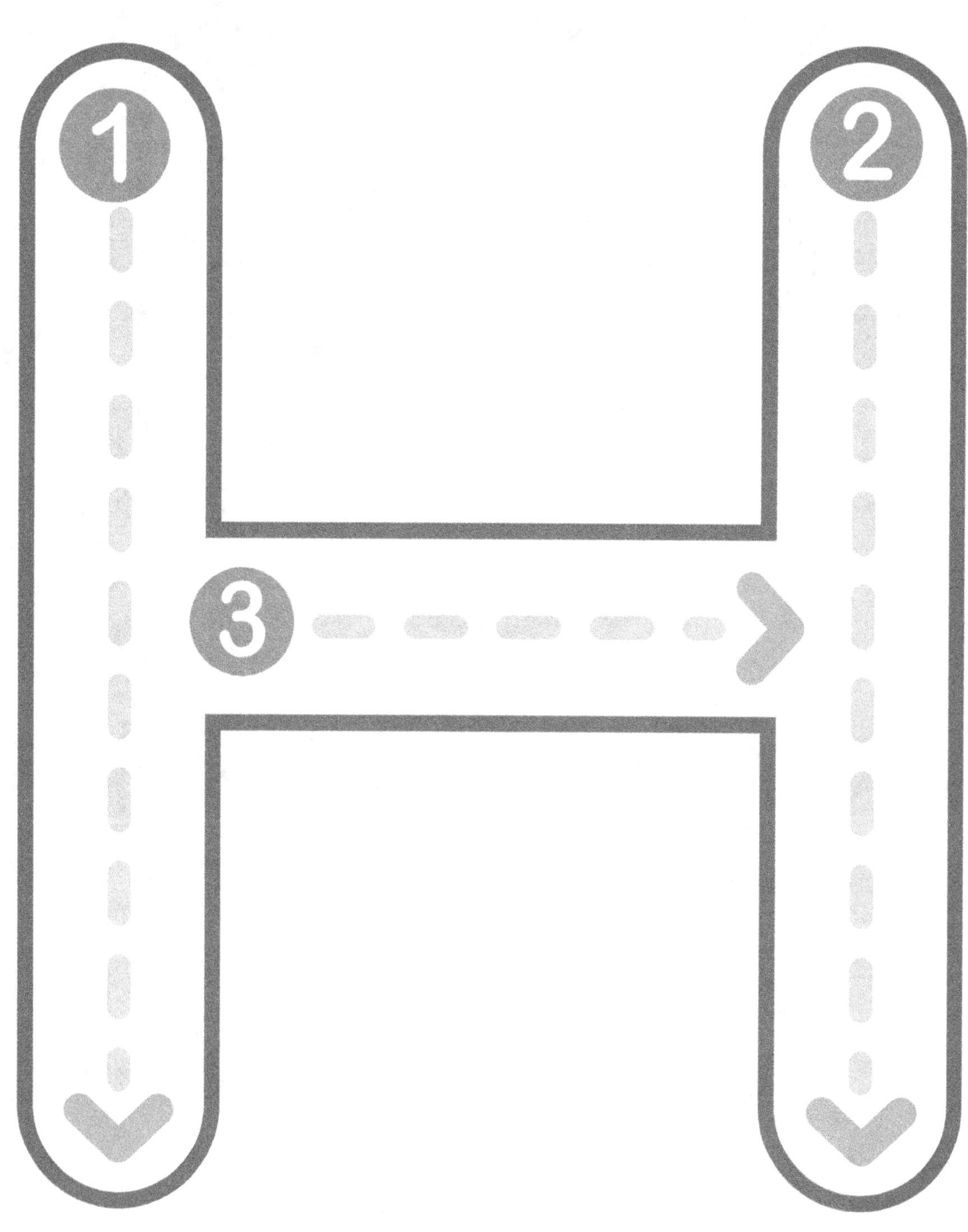

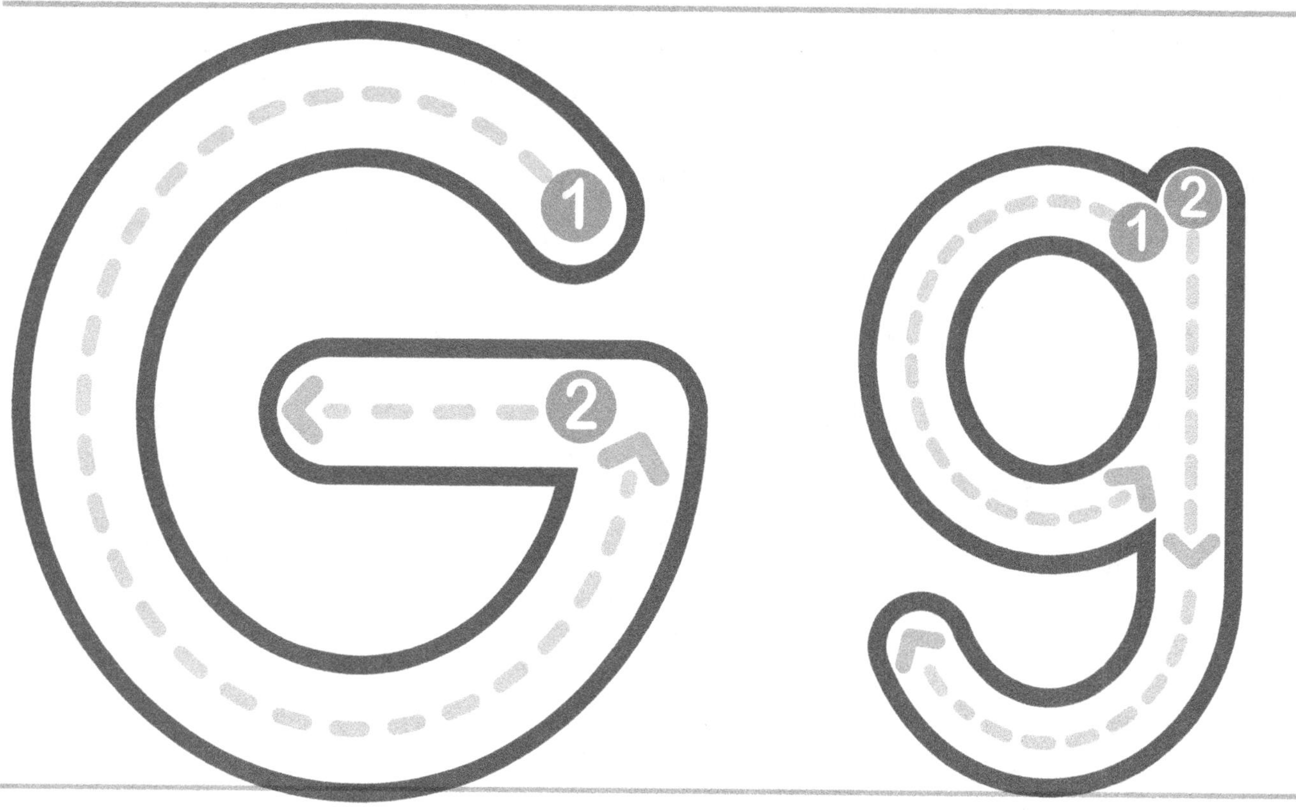

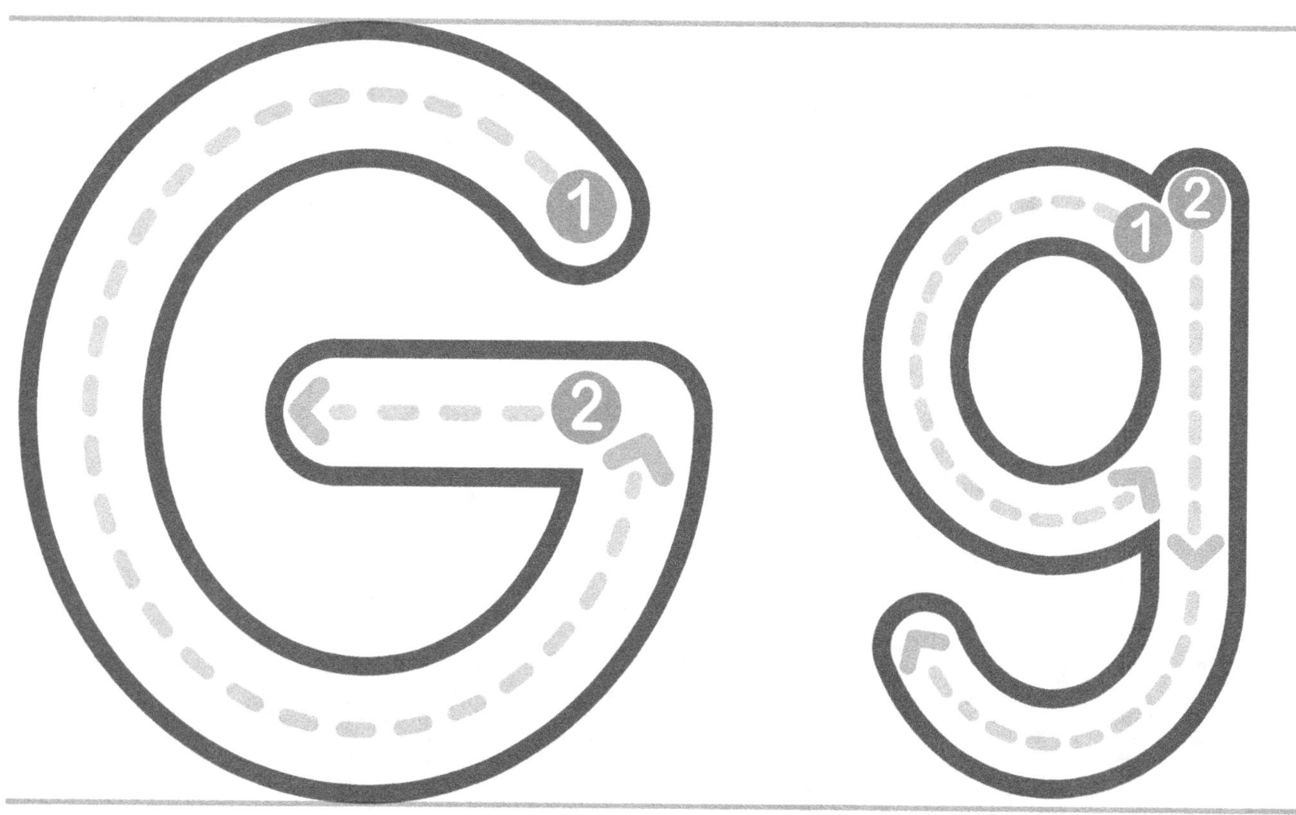

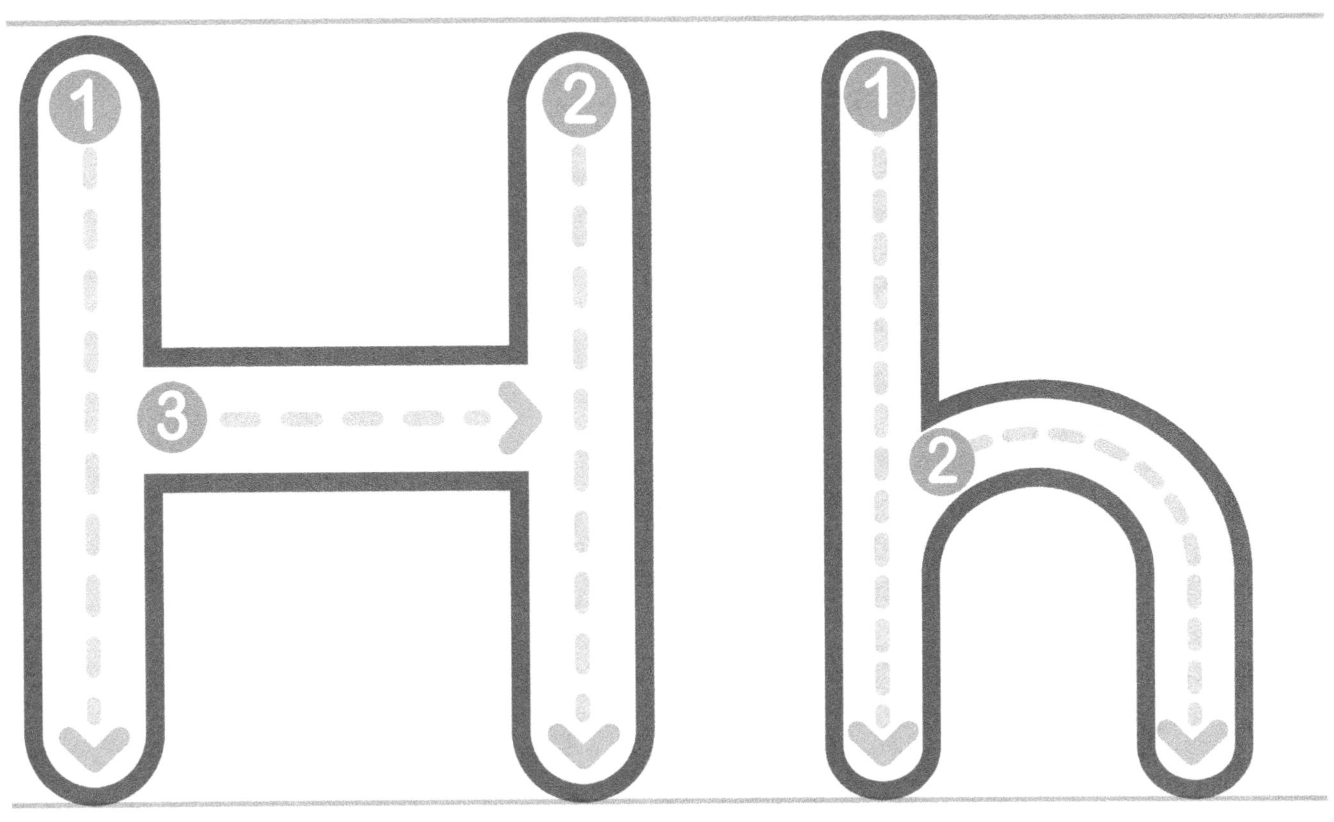

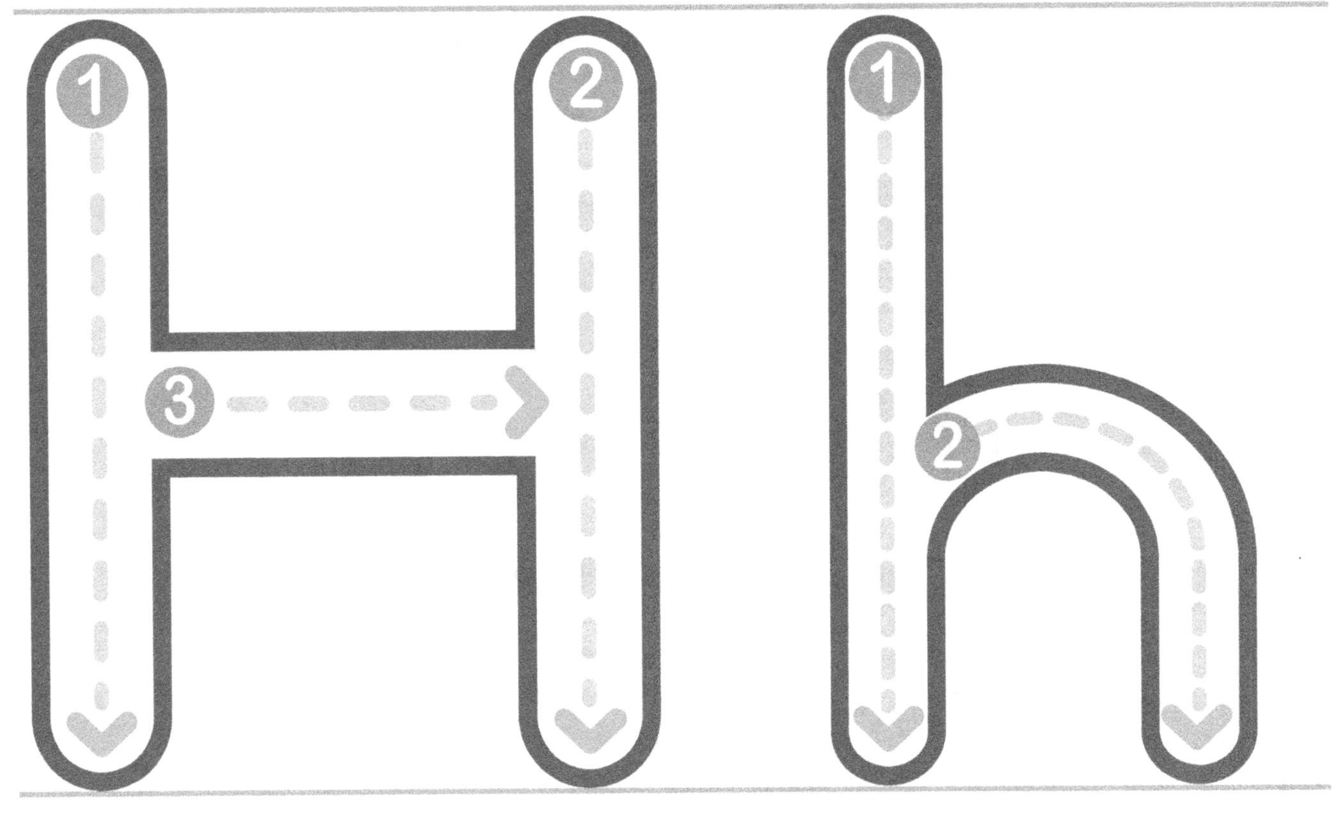

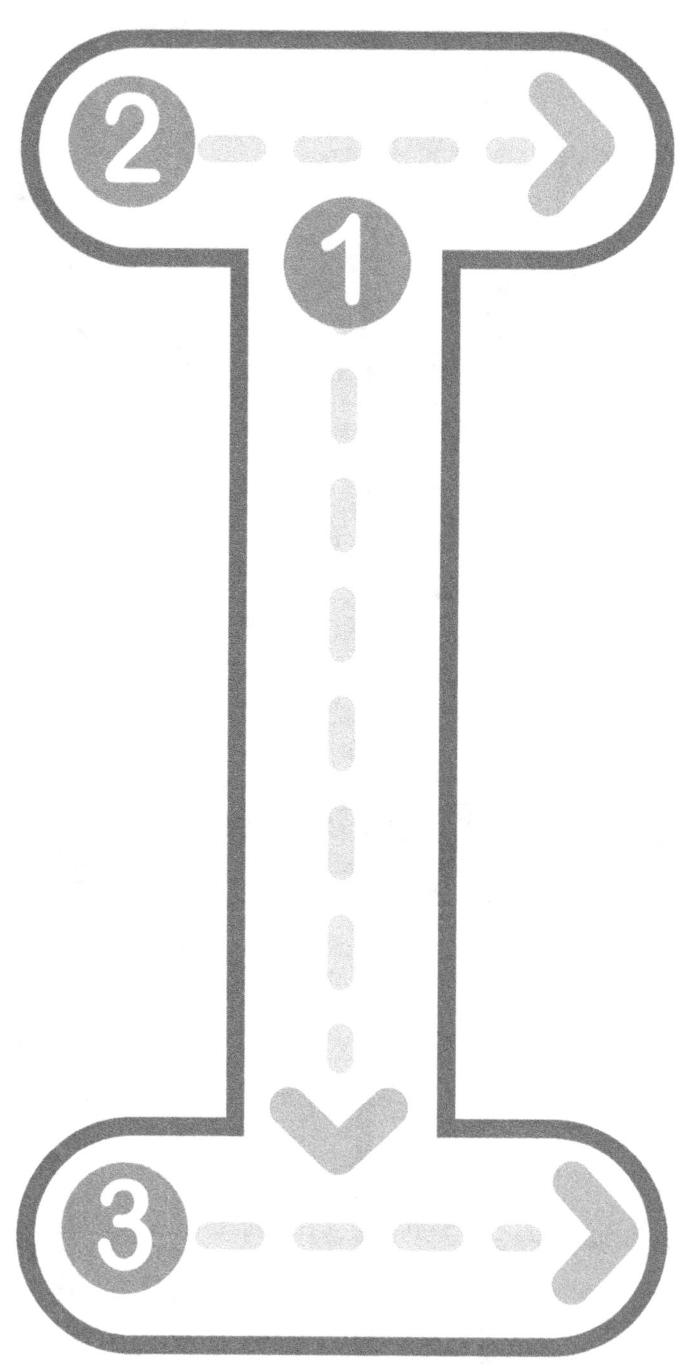

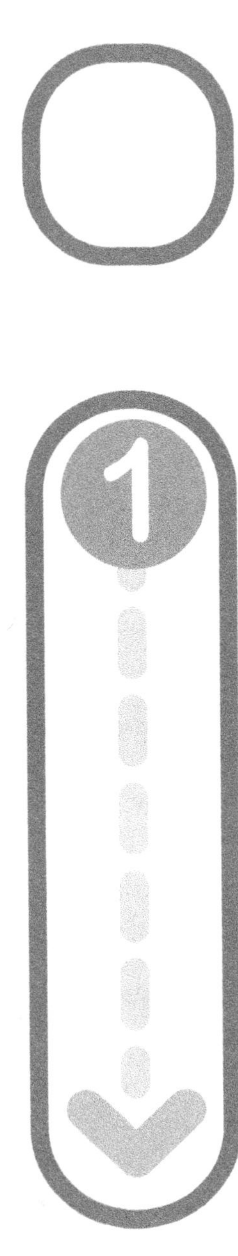

1

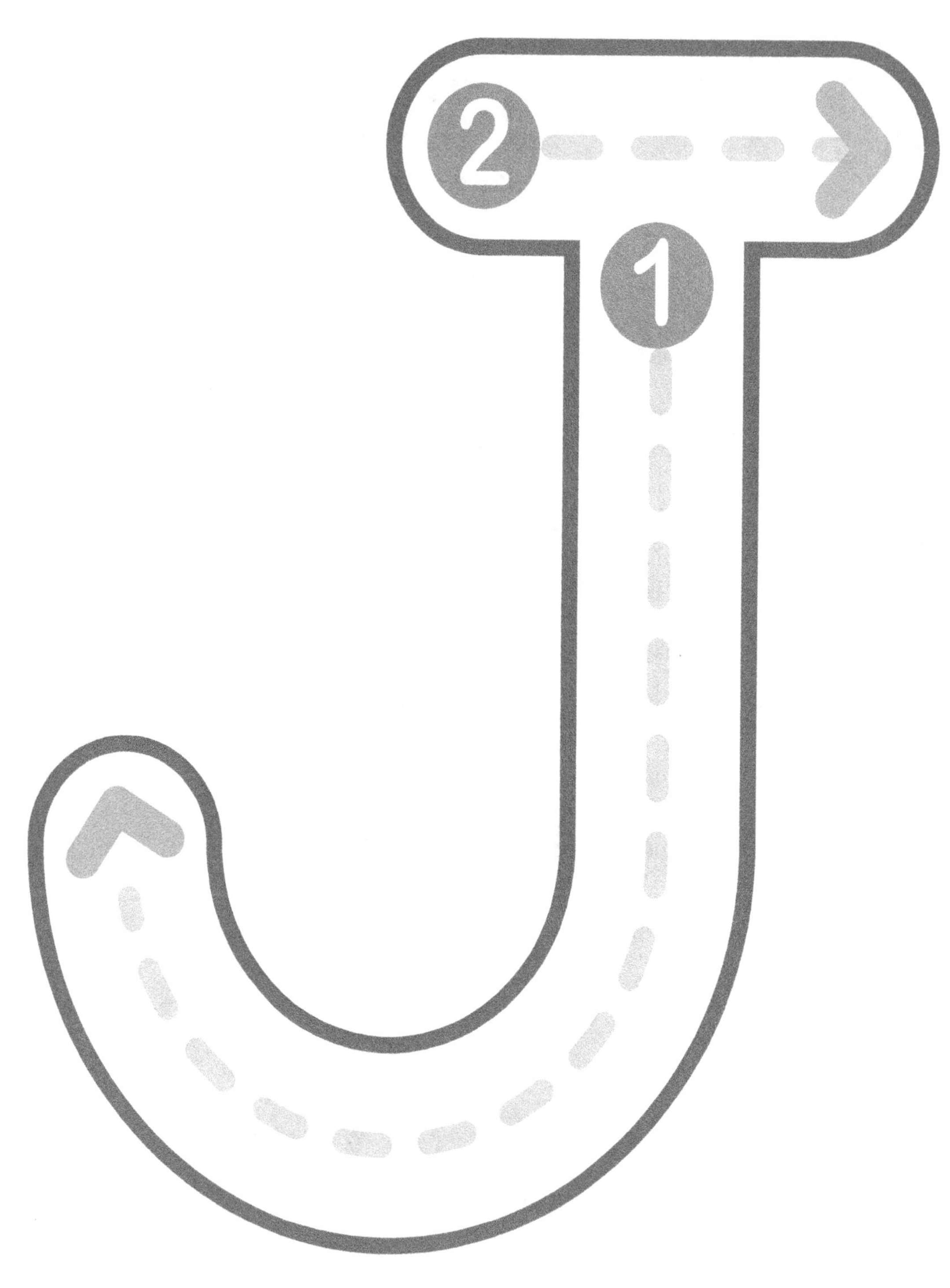

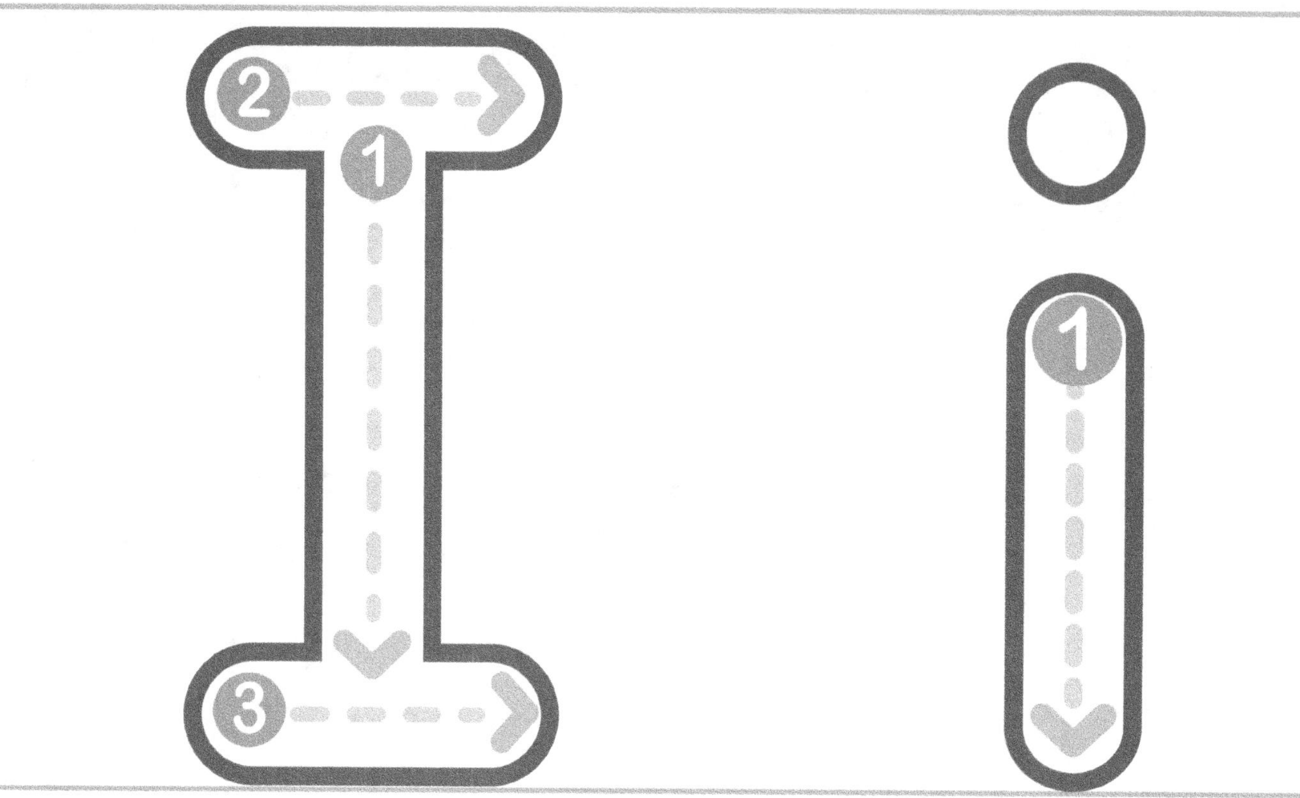

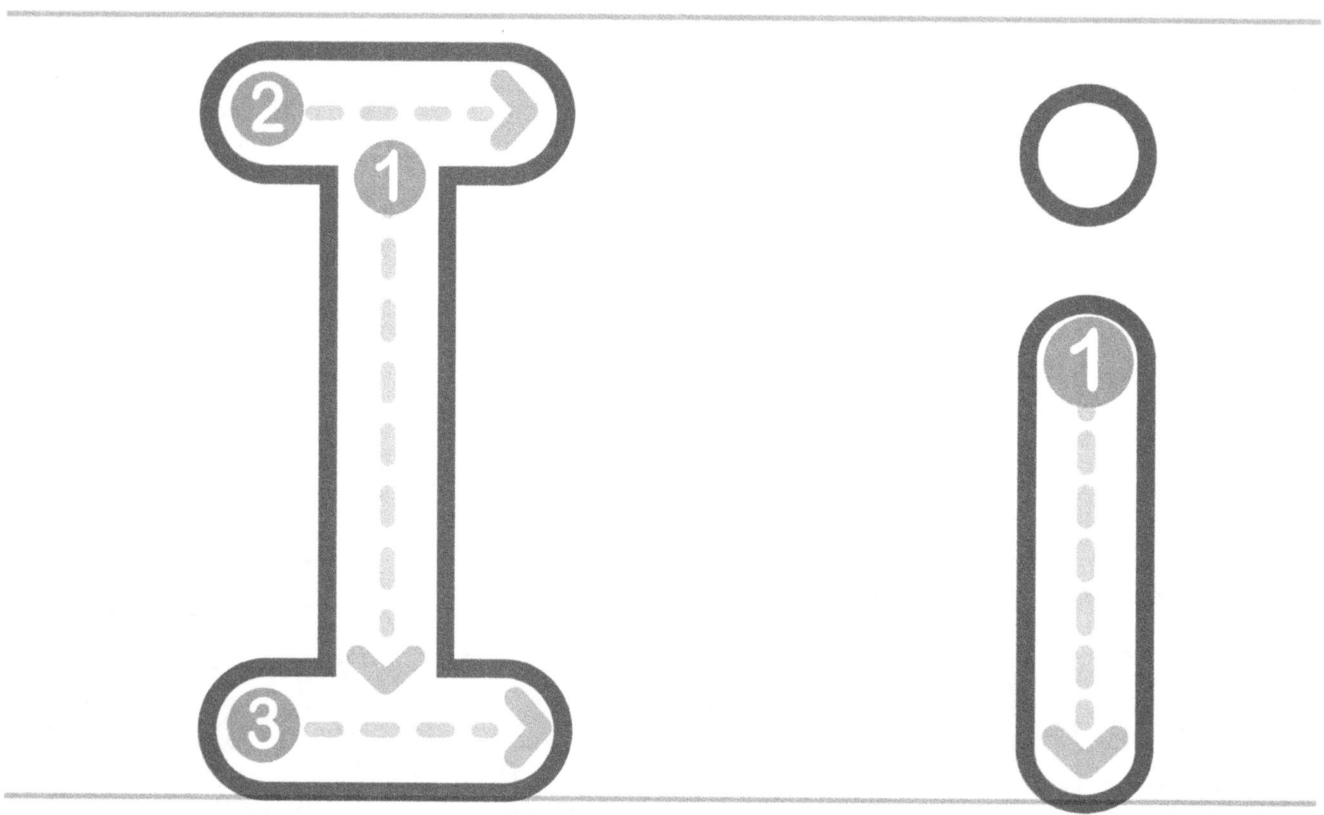

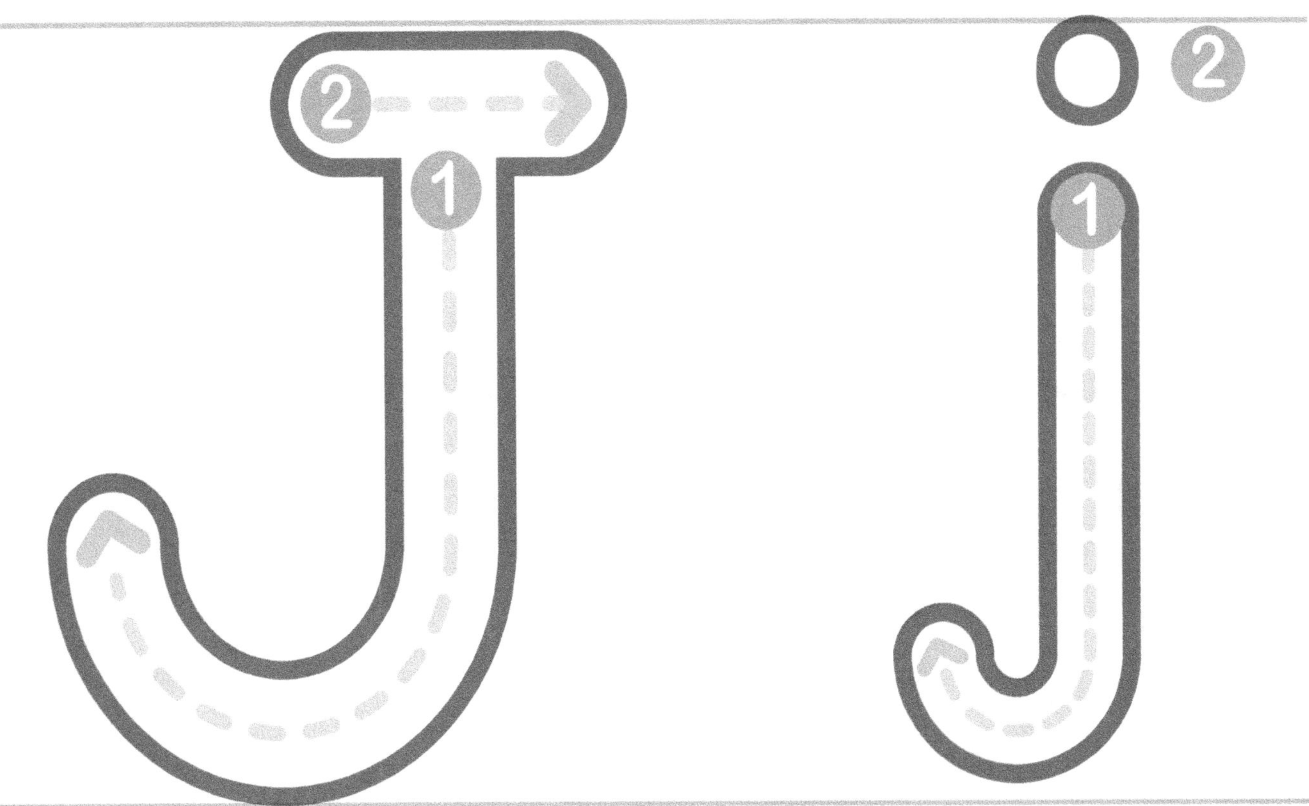

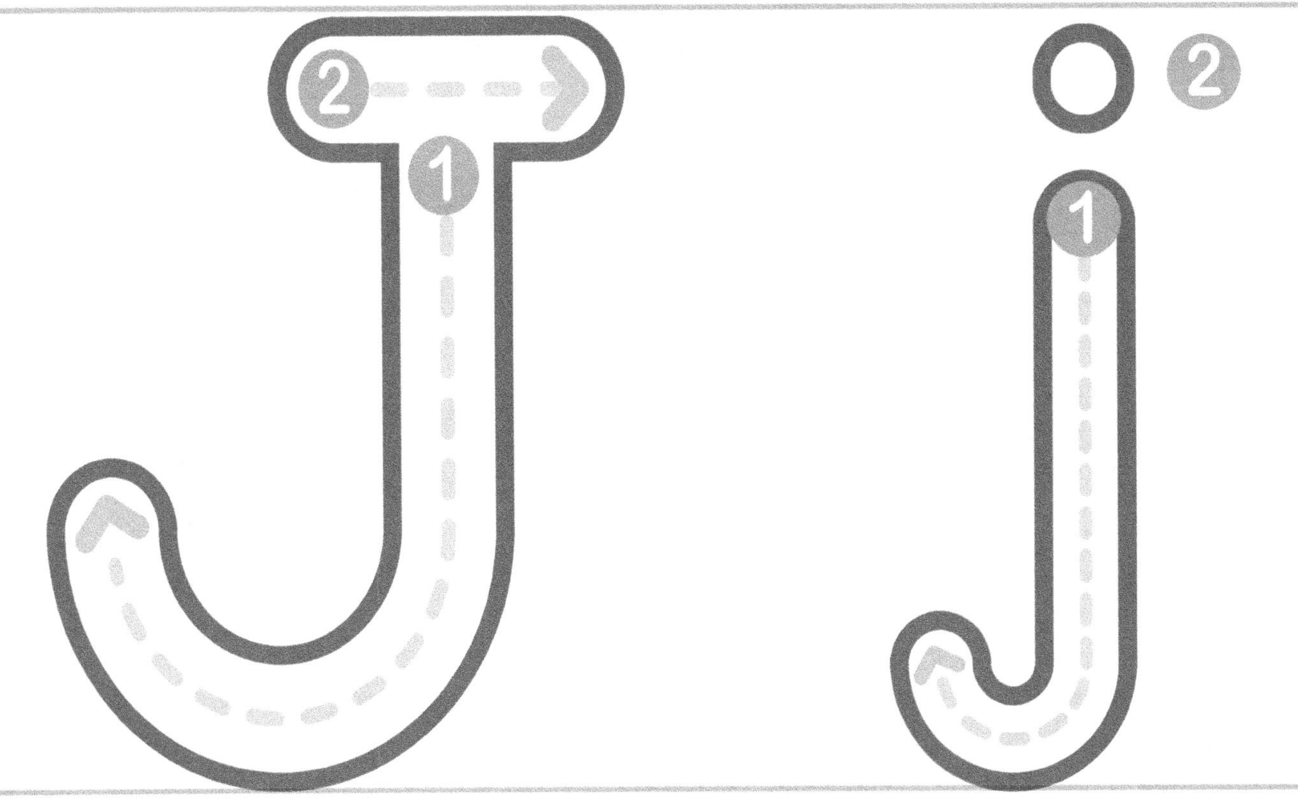

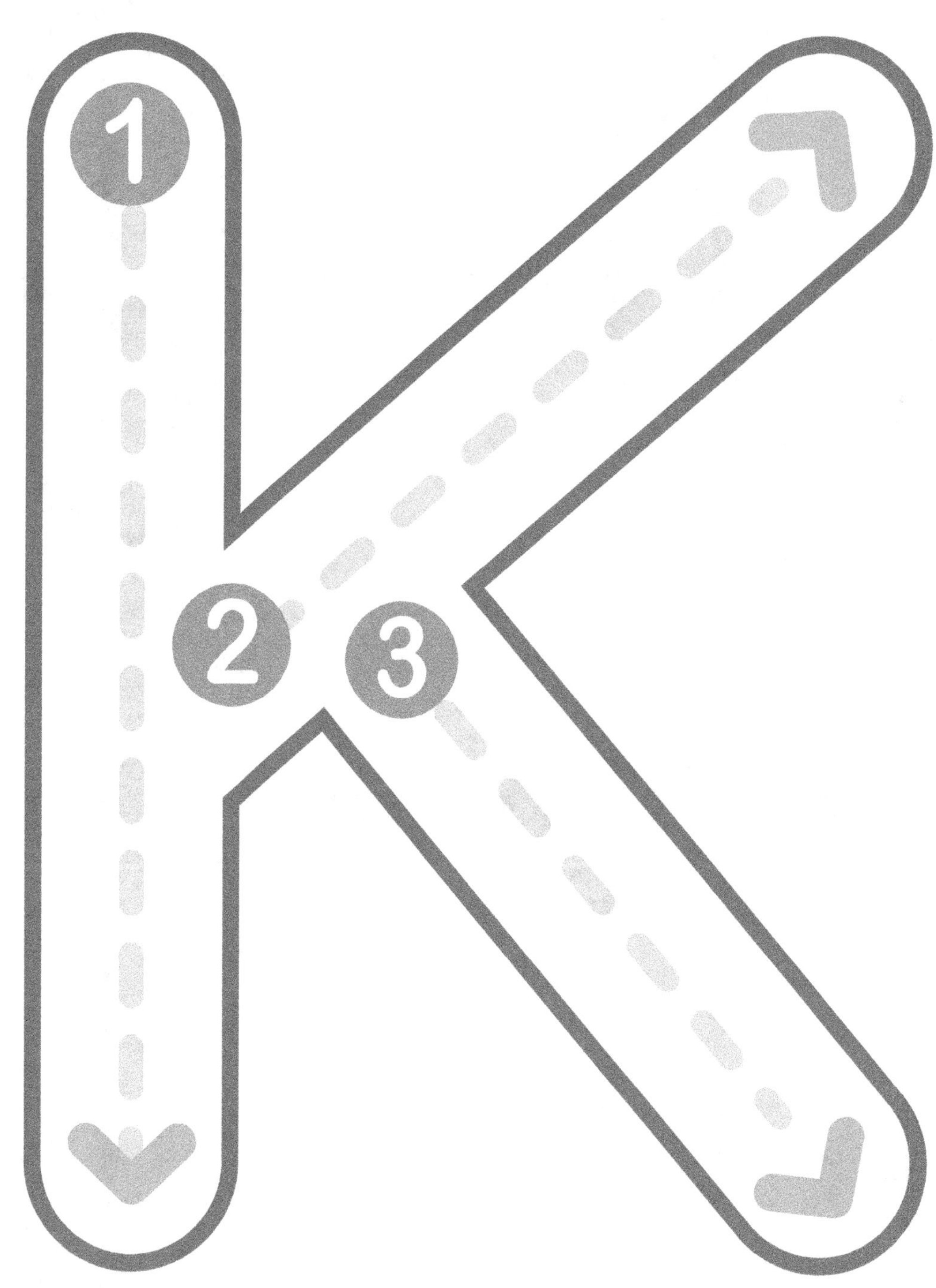

1
2
3

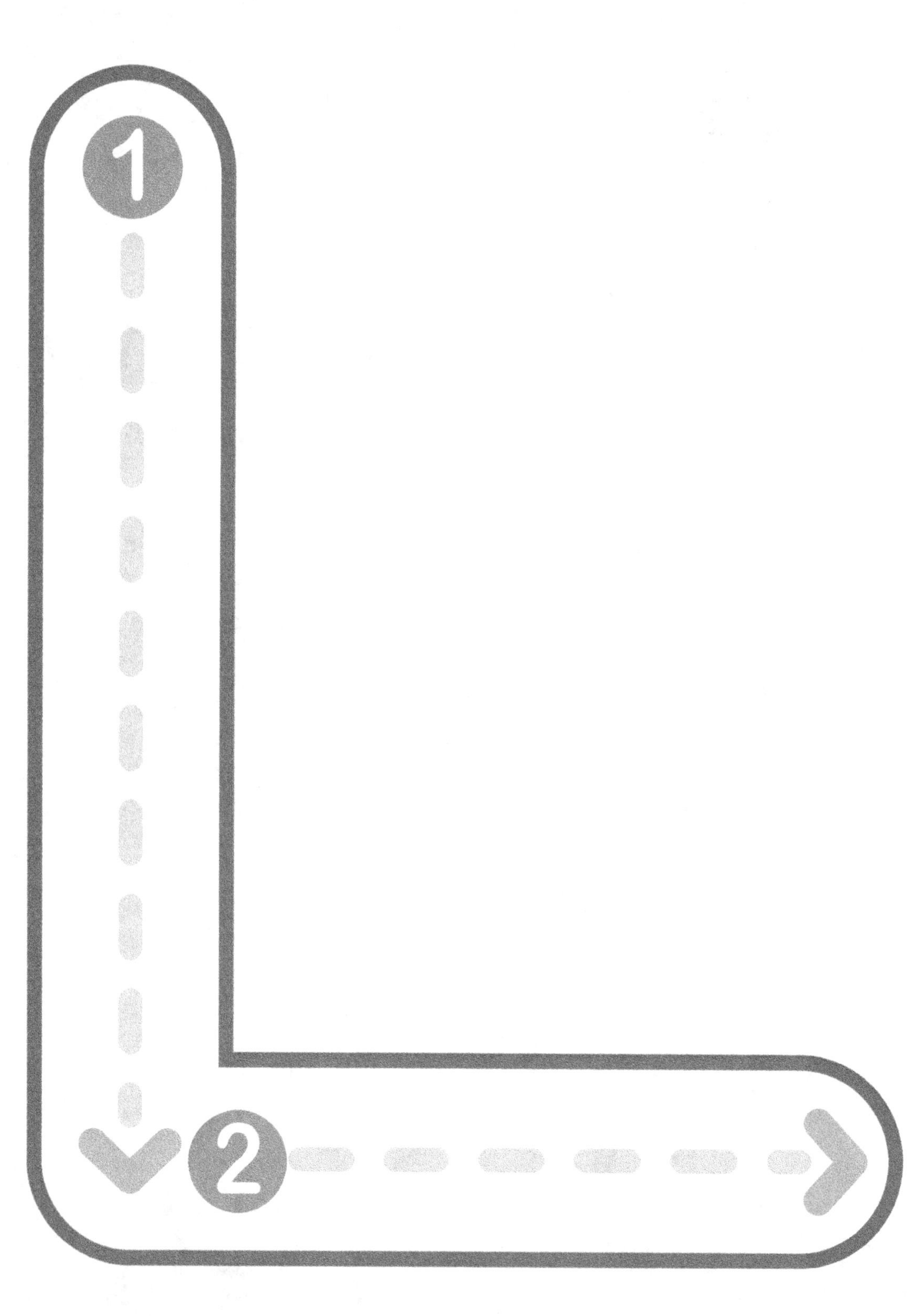

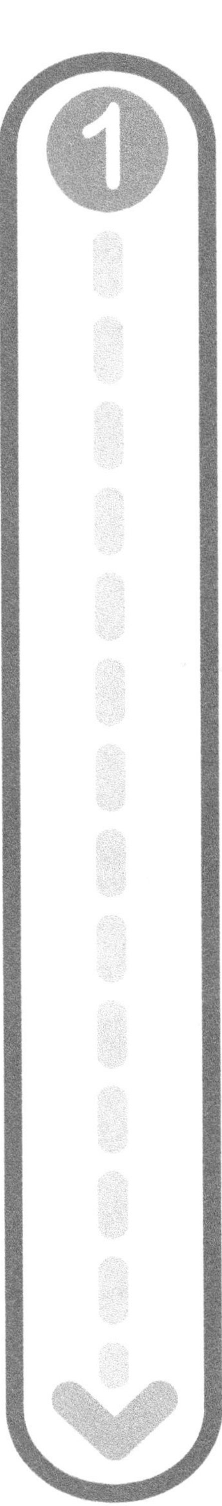

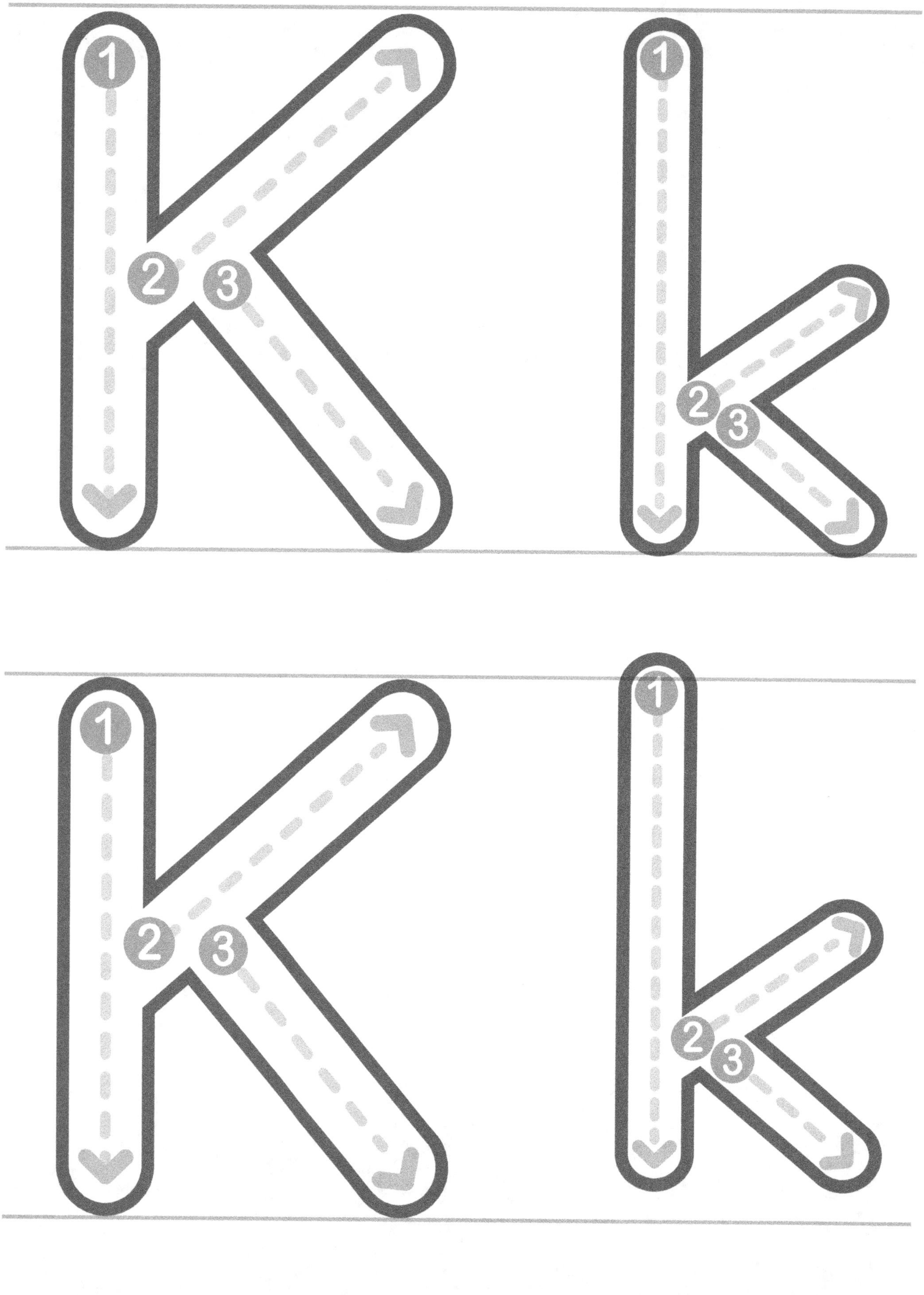

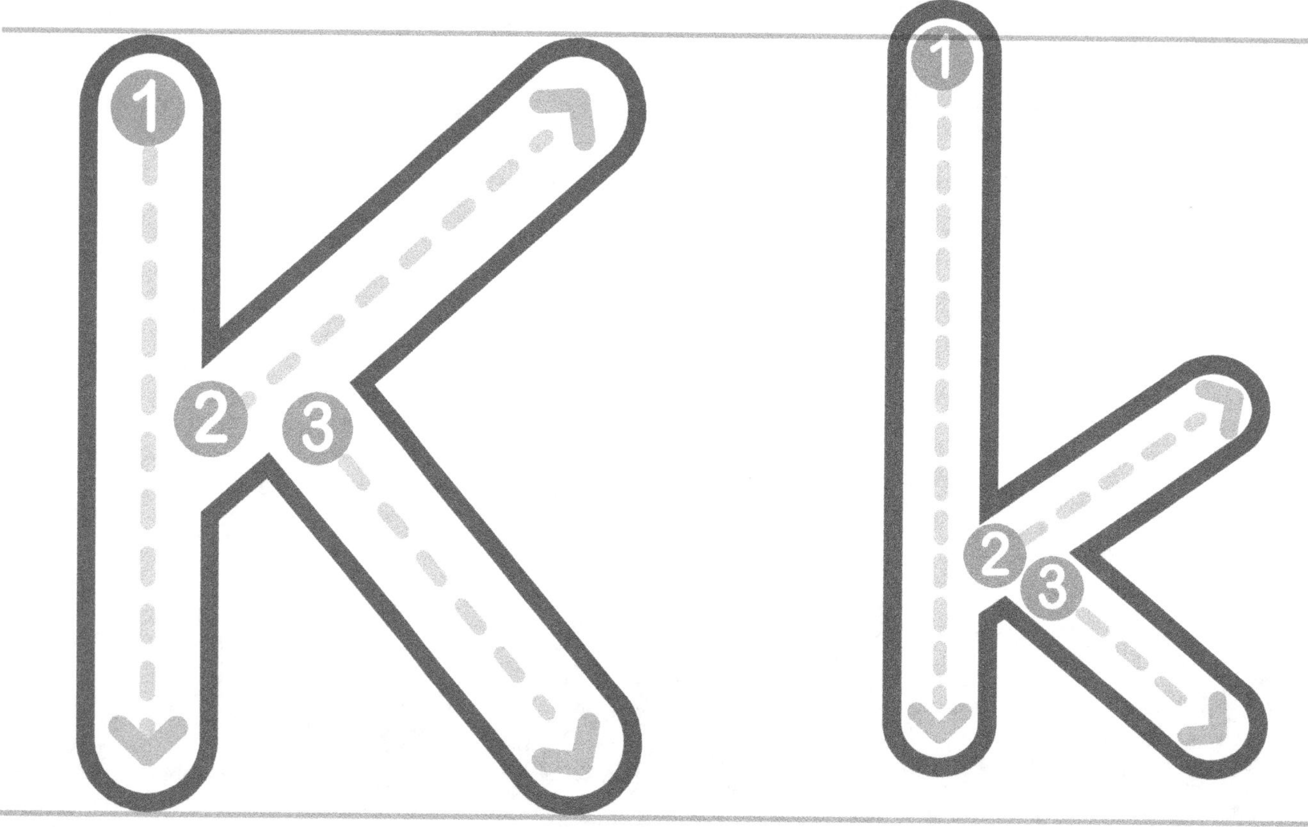

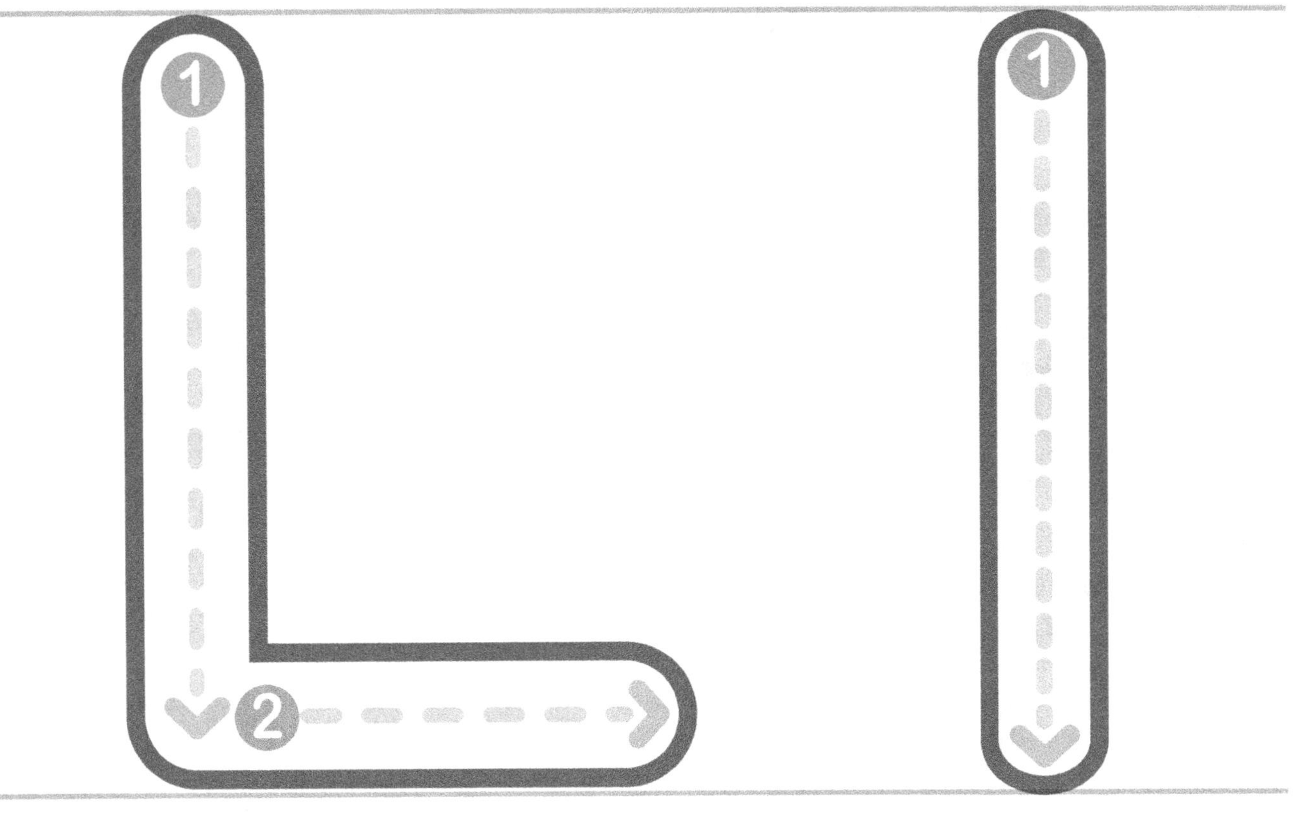

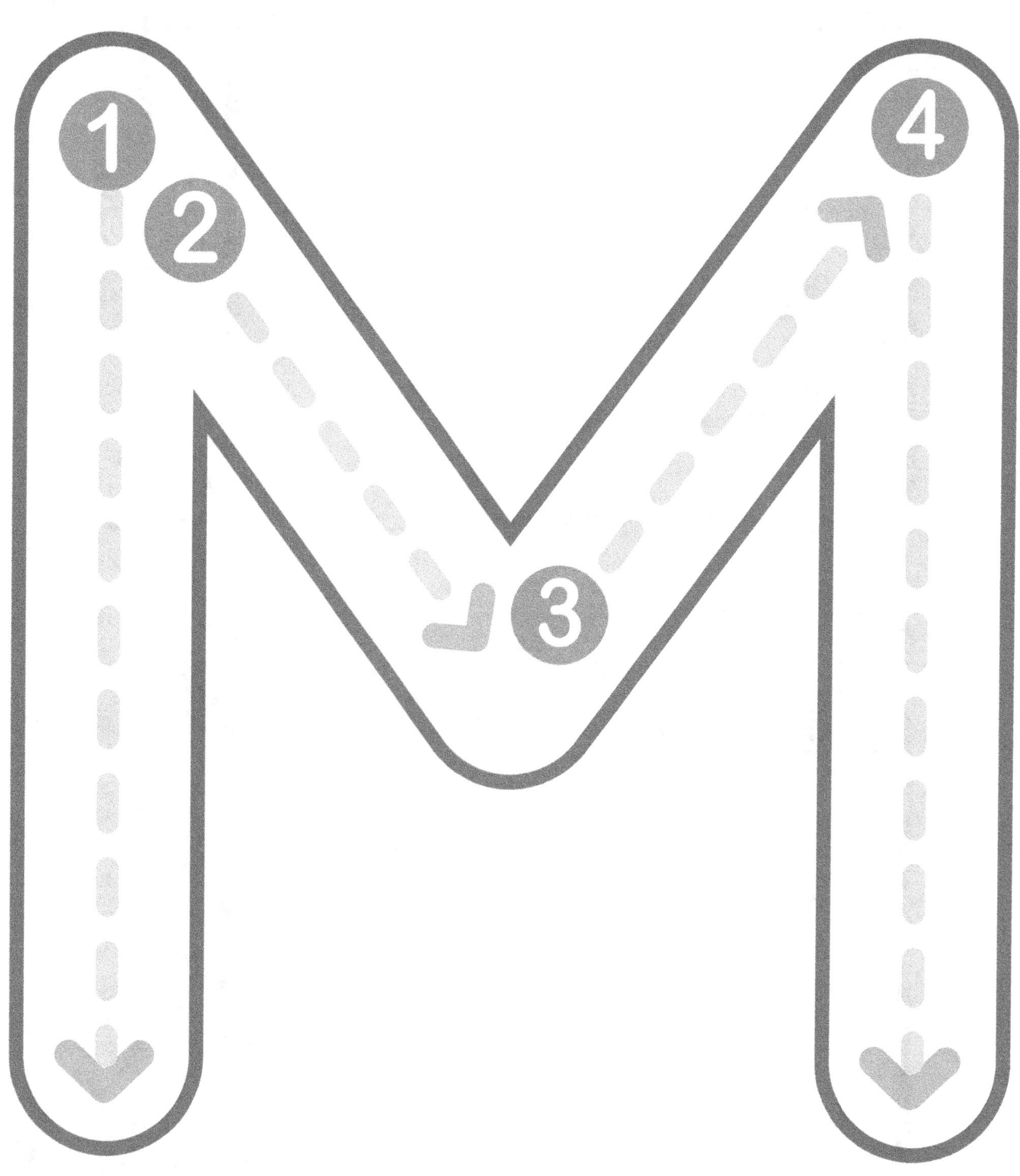

1
2
3
4

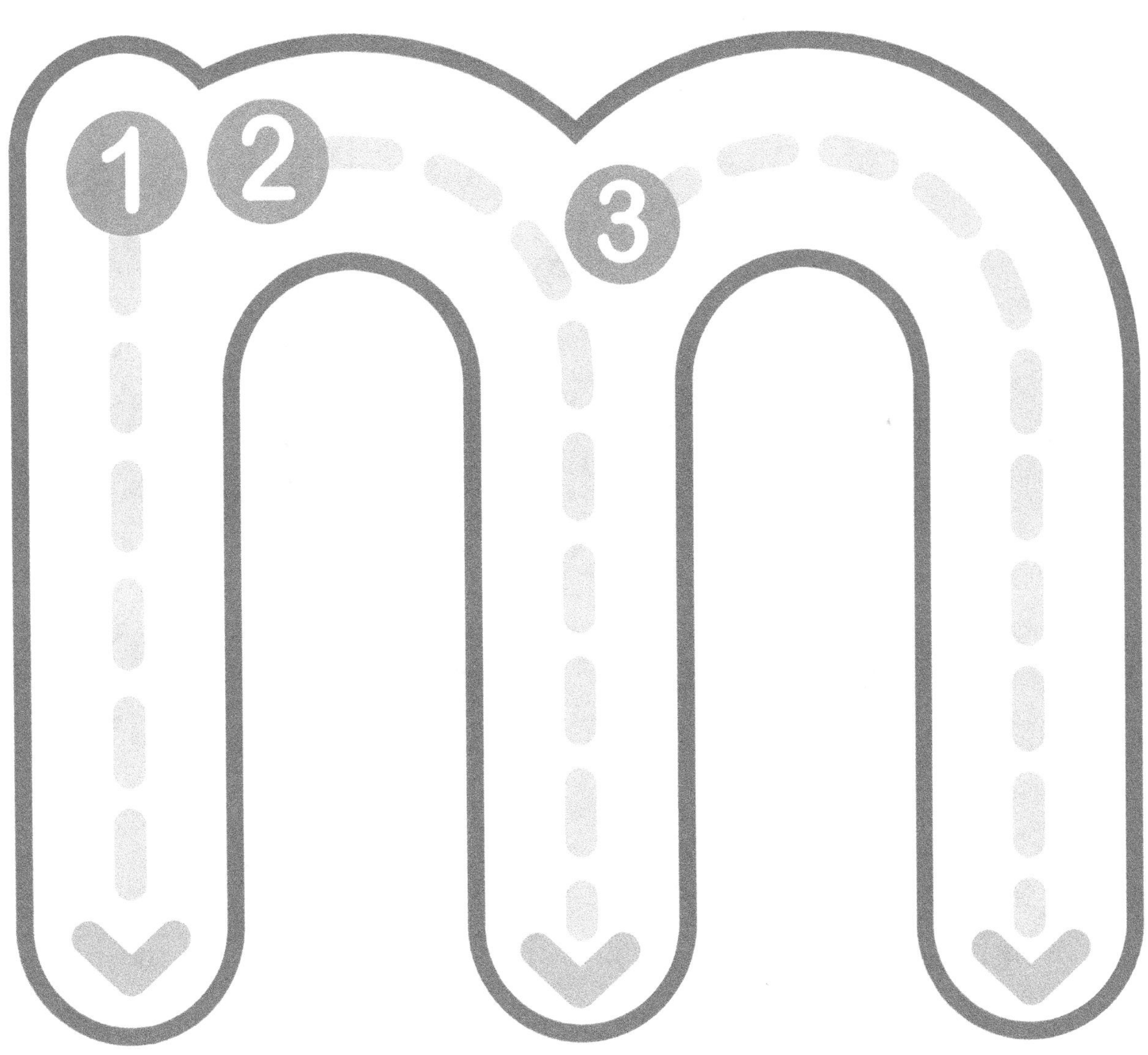

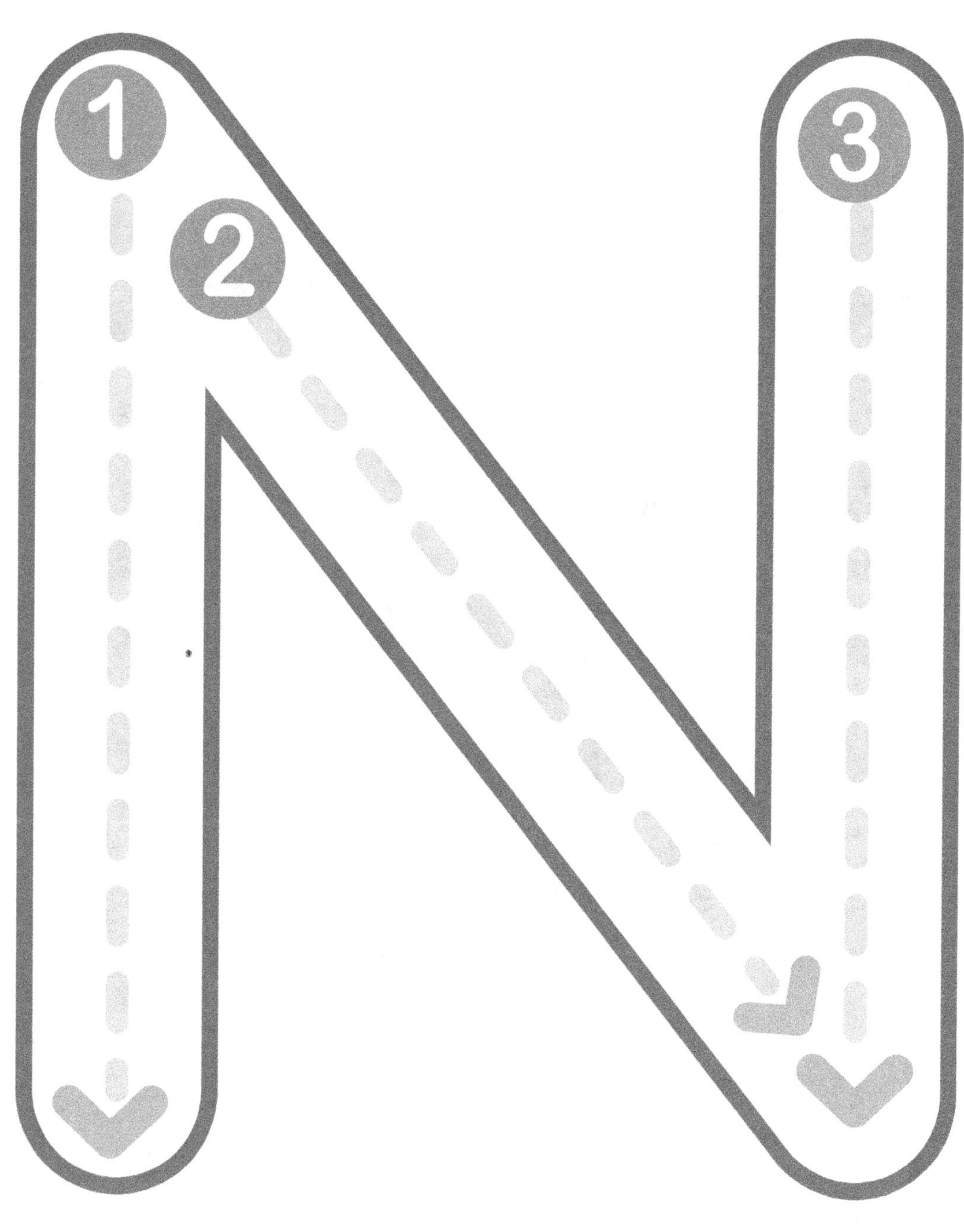

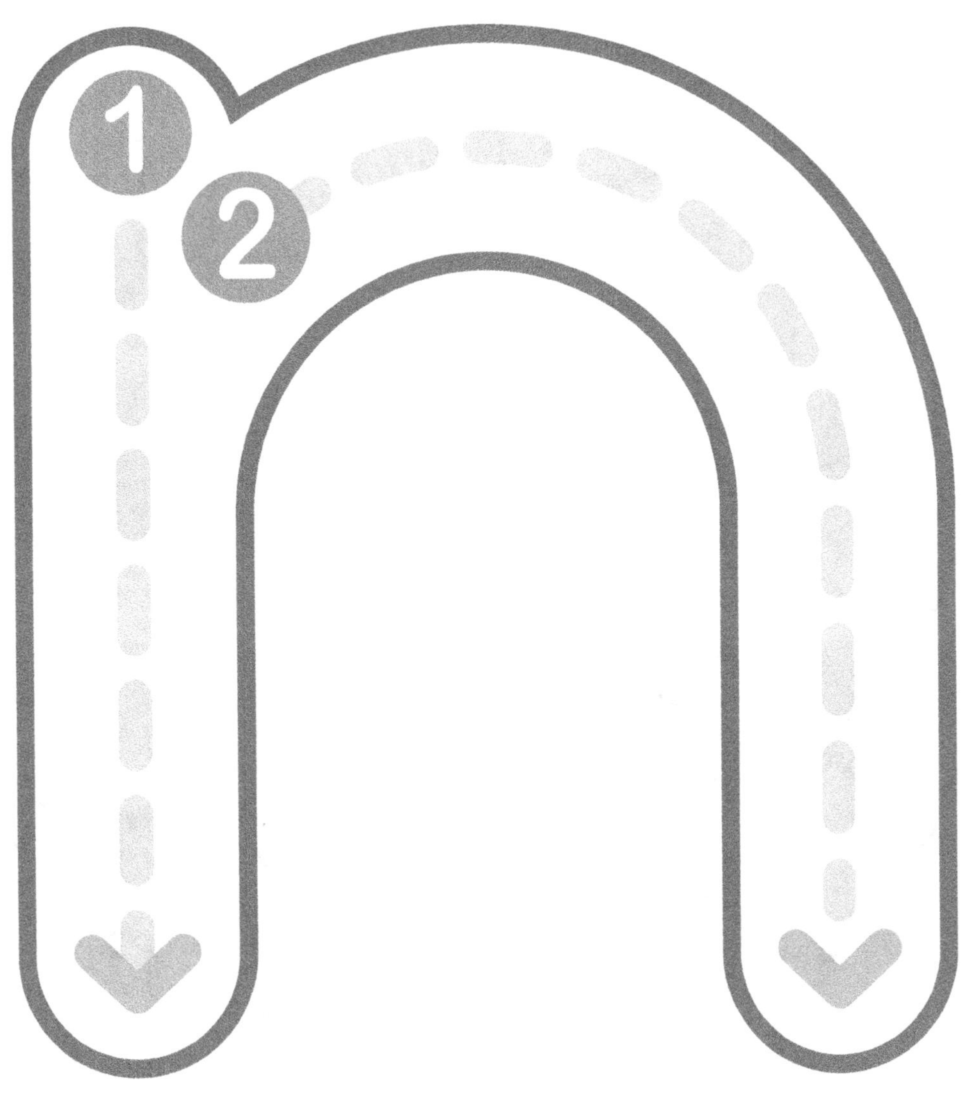

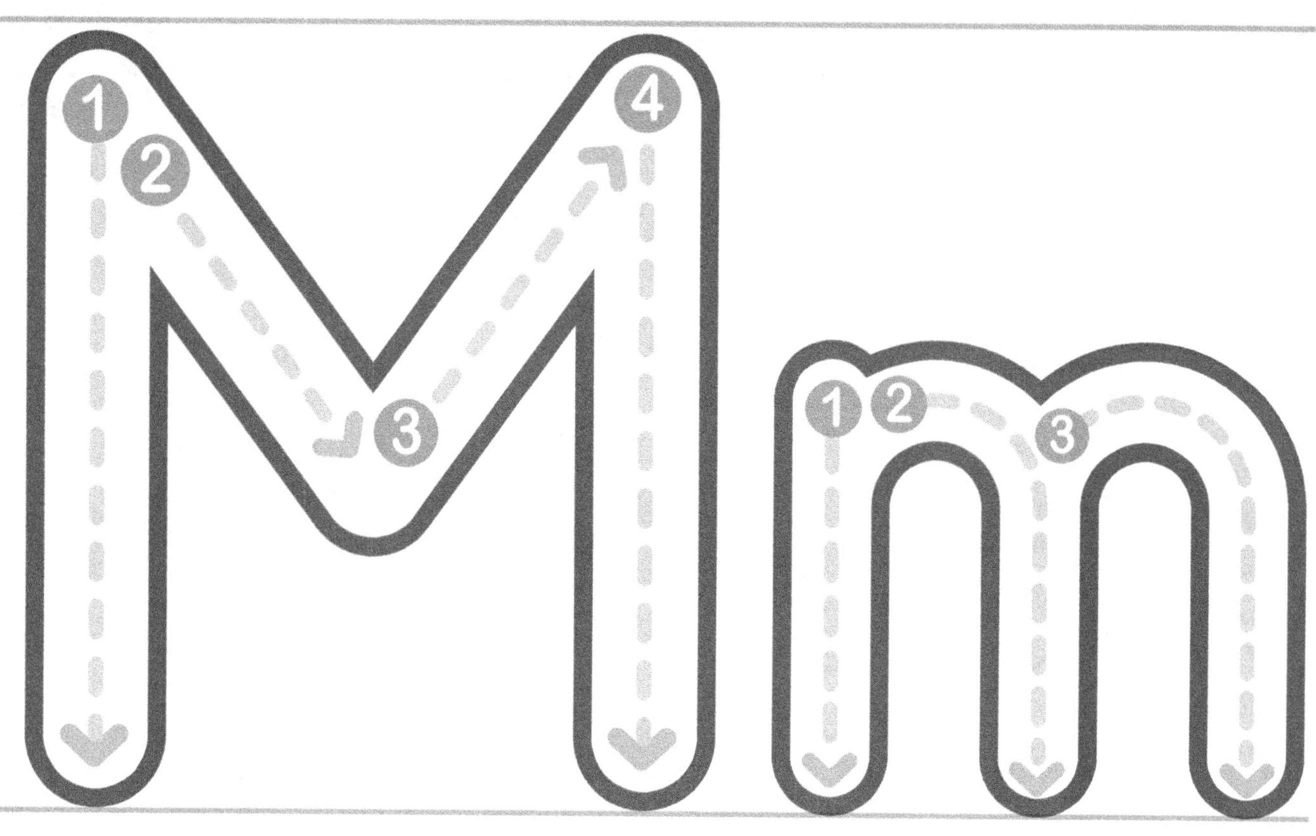
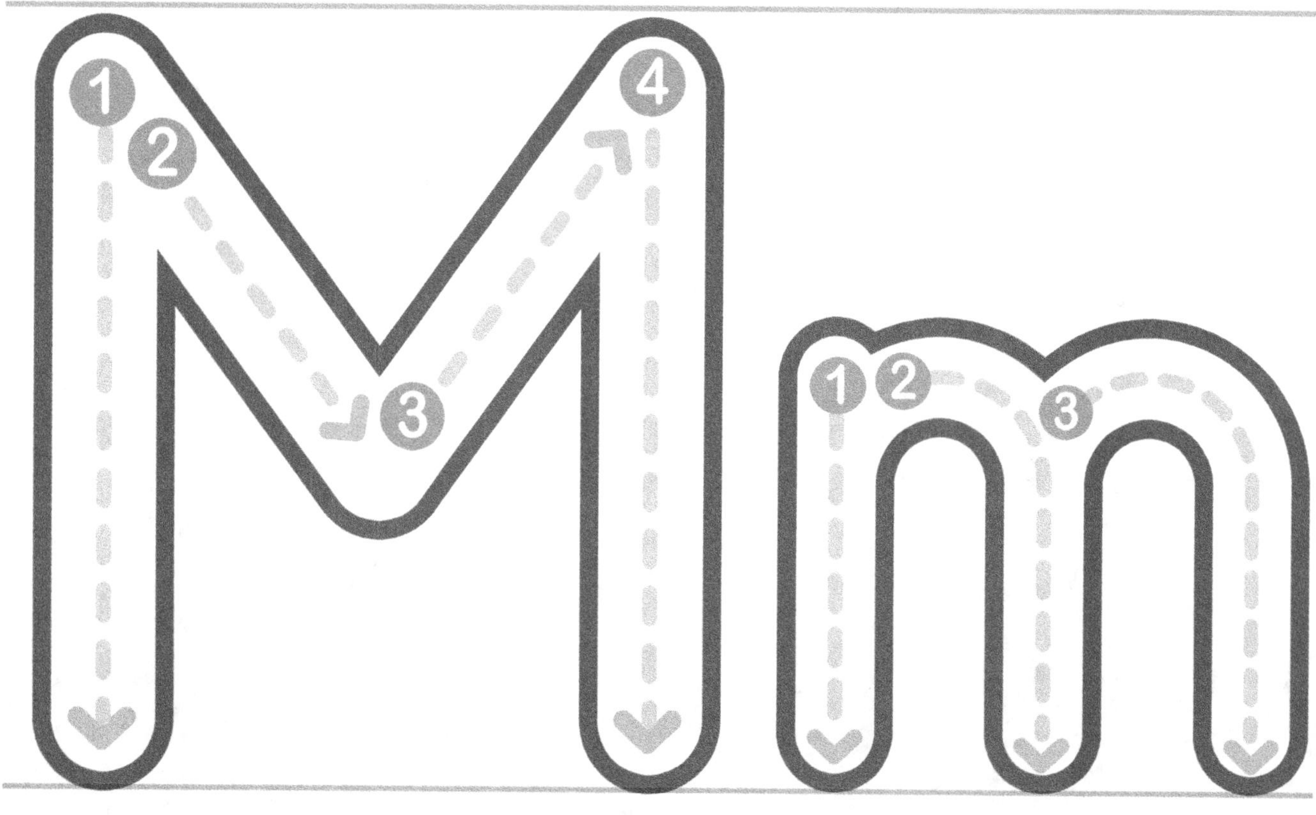

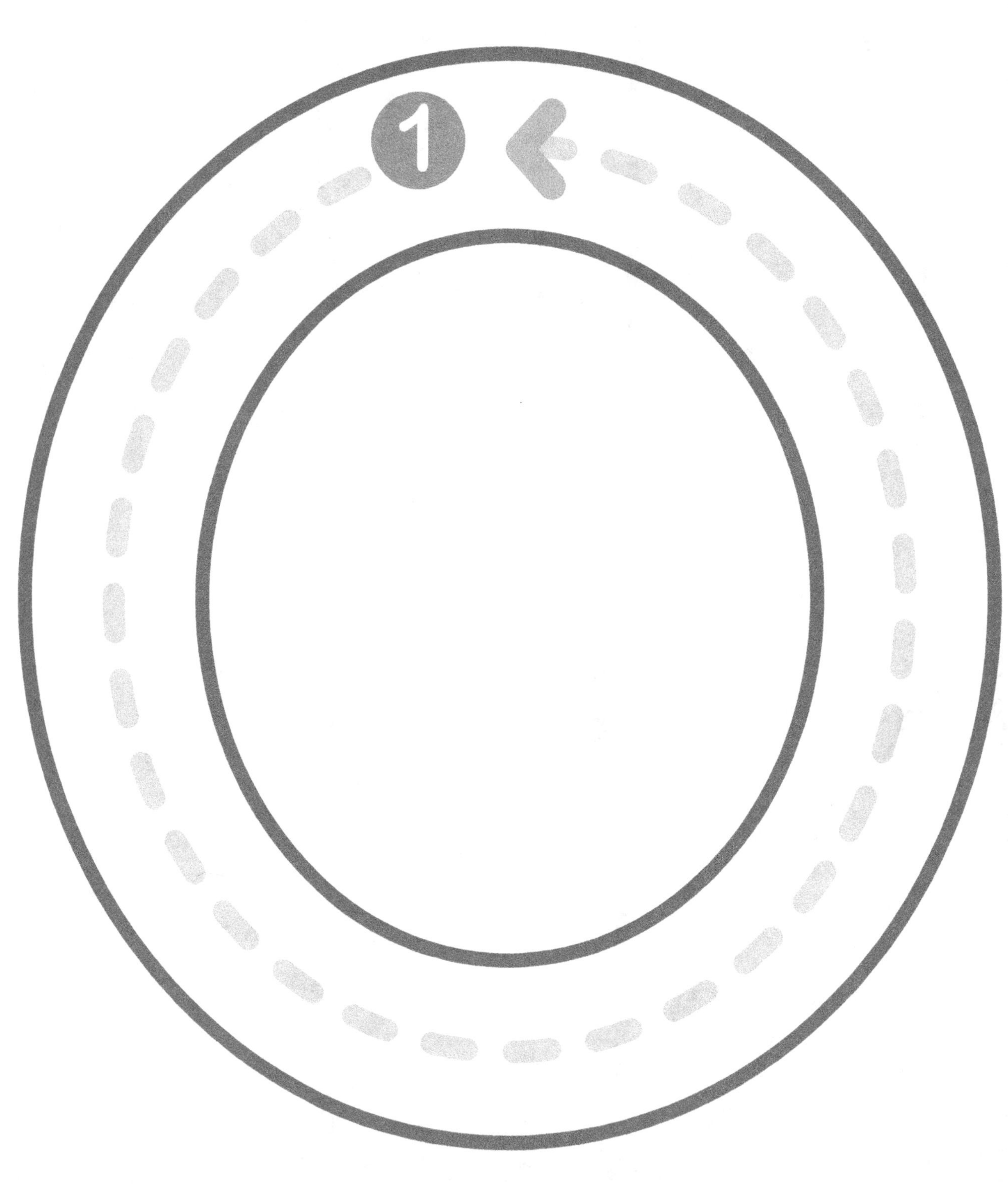

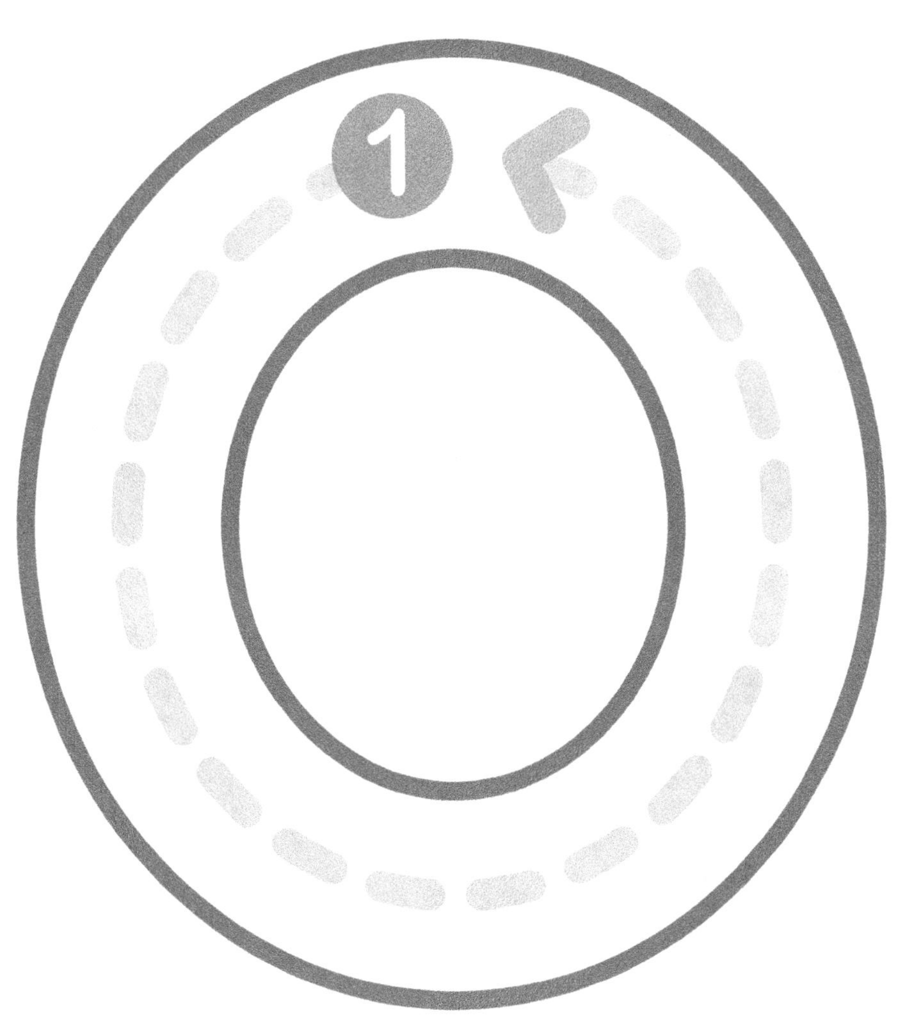
1

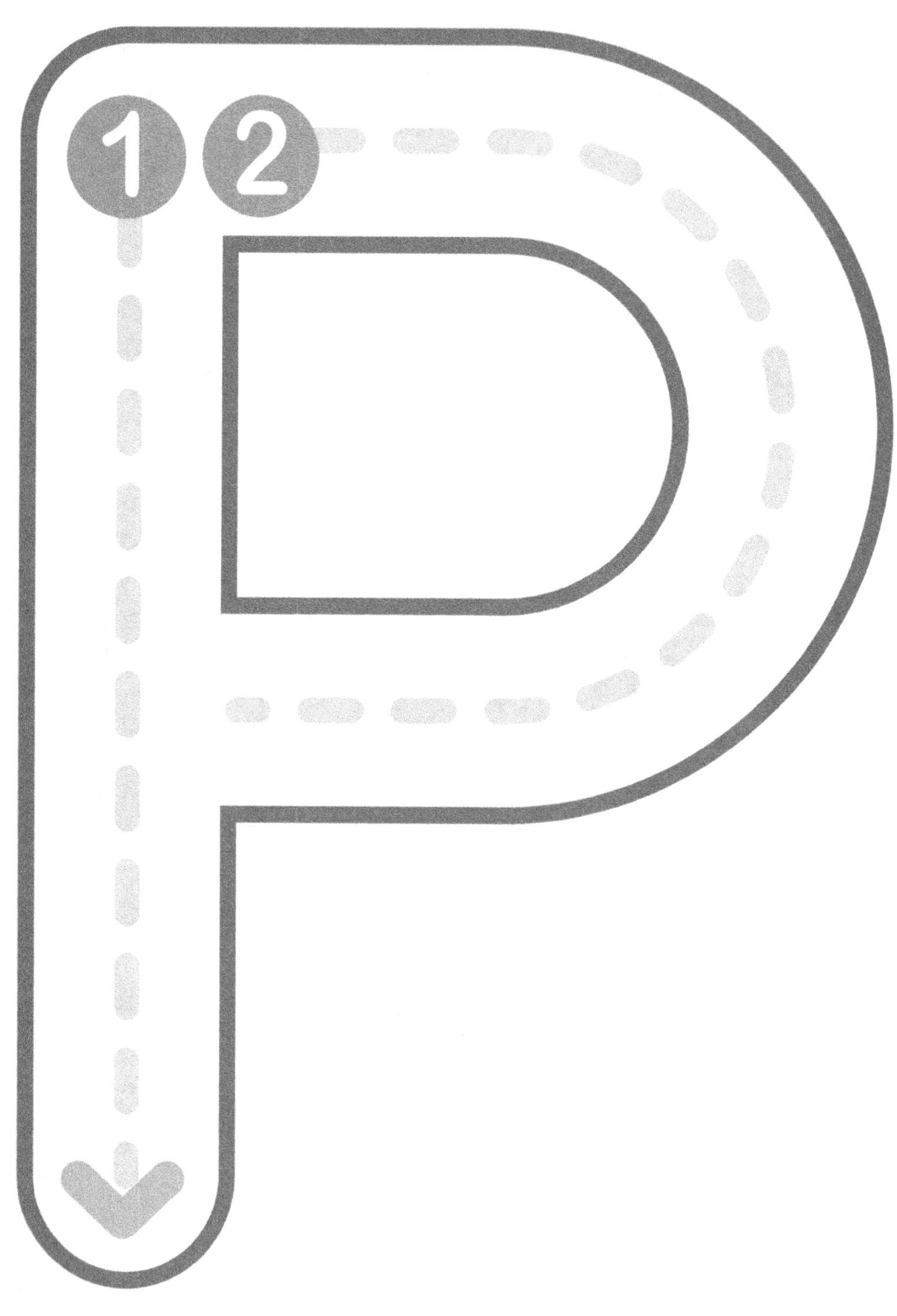

1
2

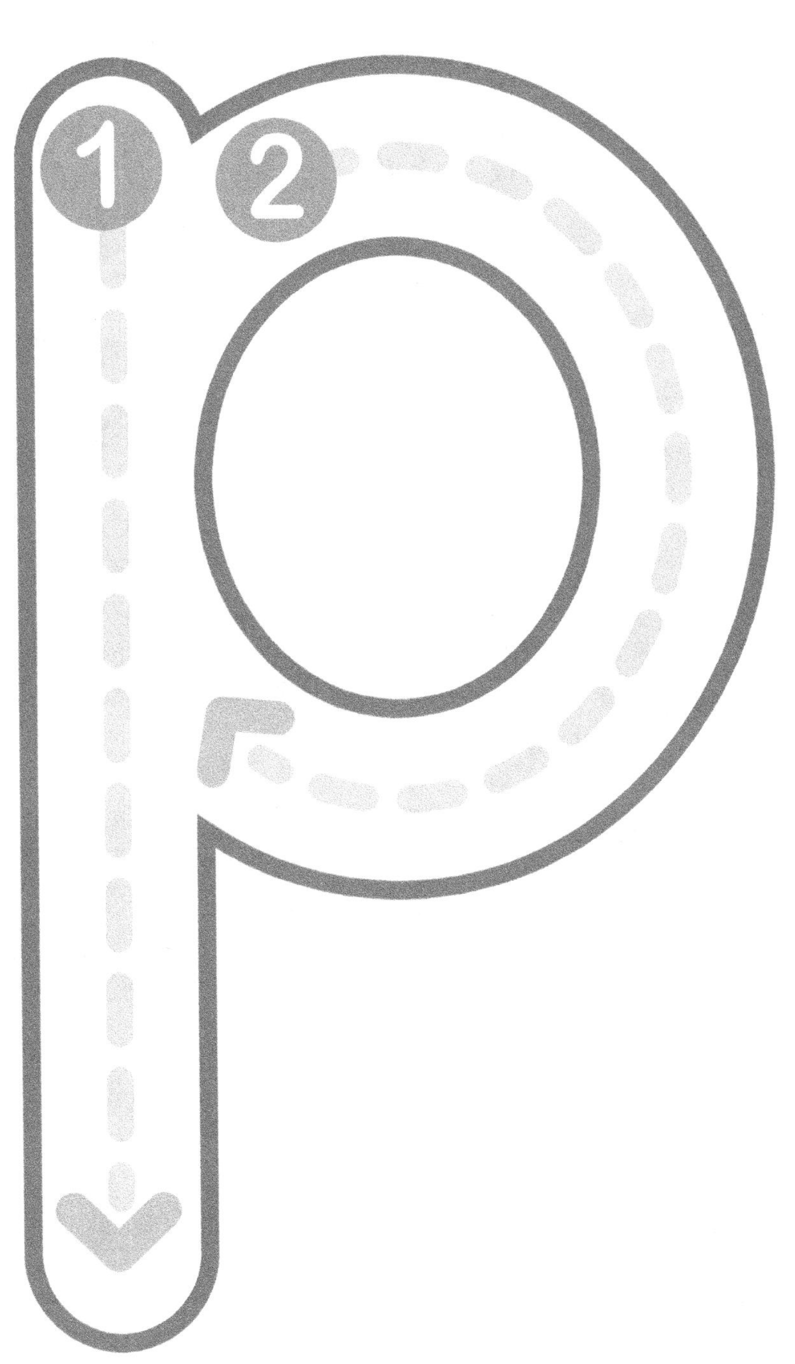
1
2

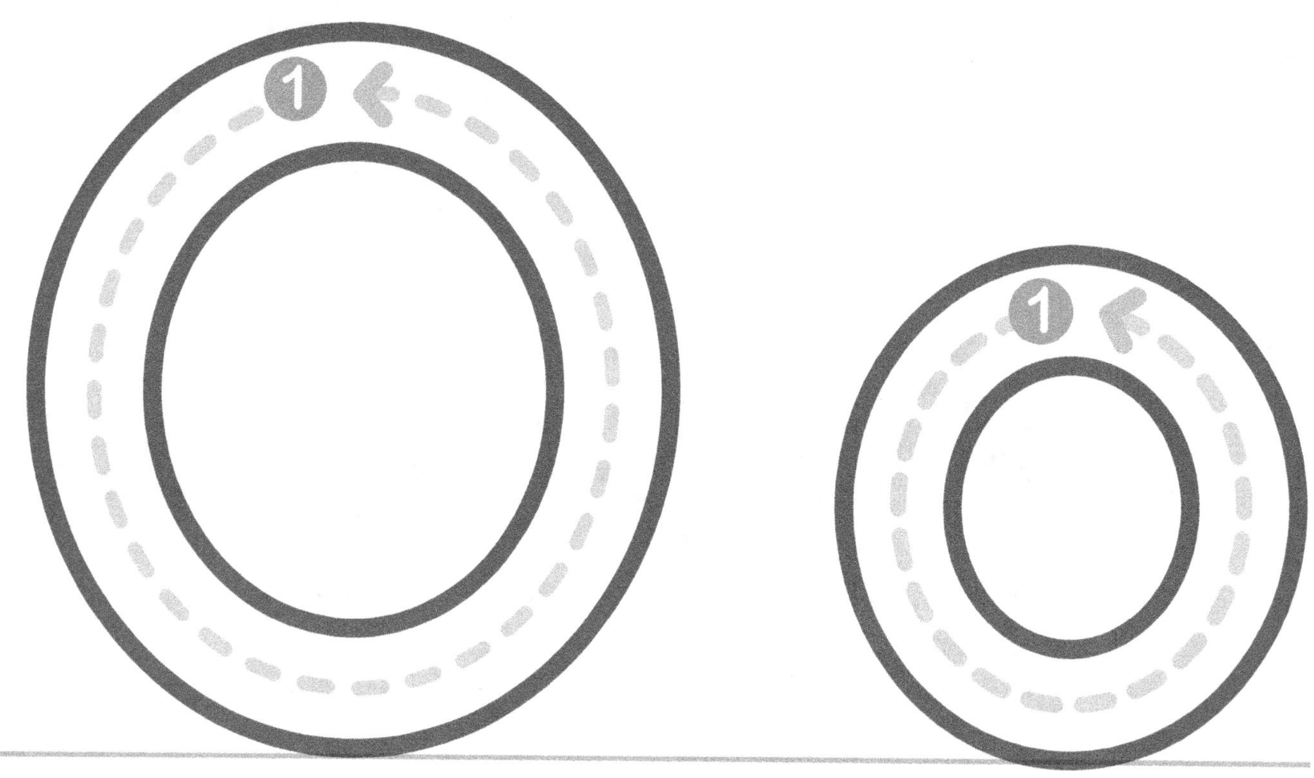
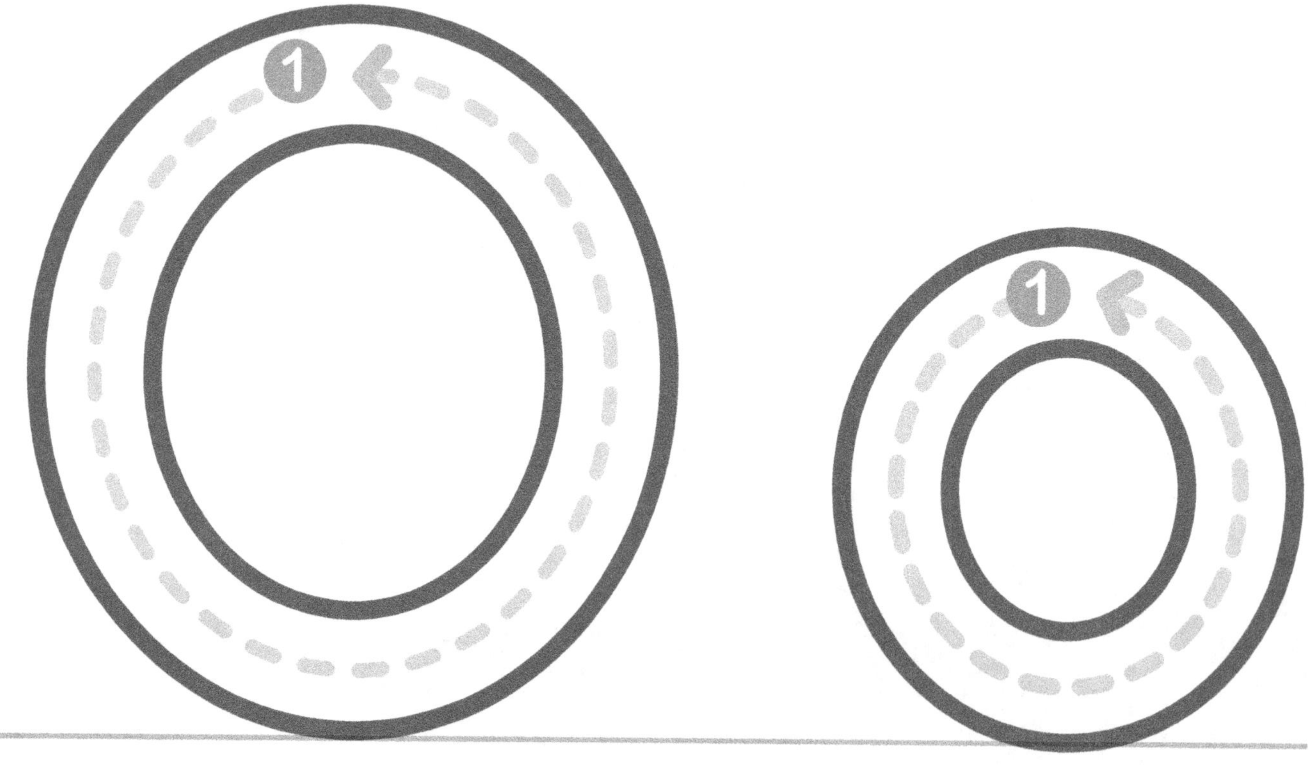

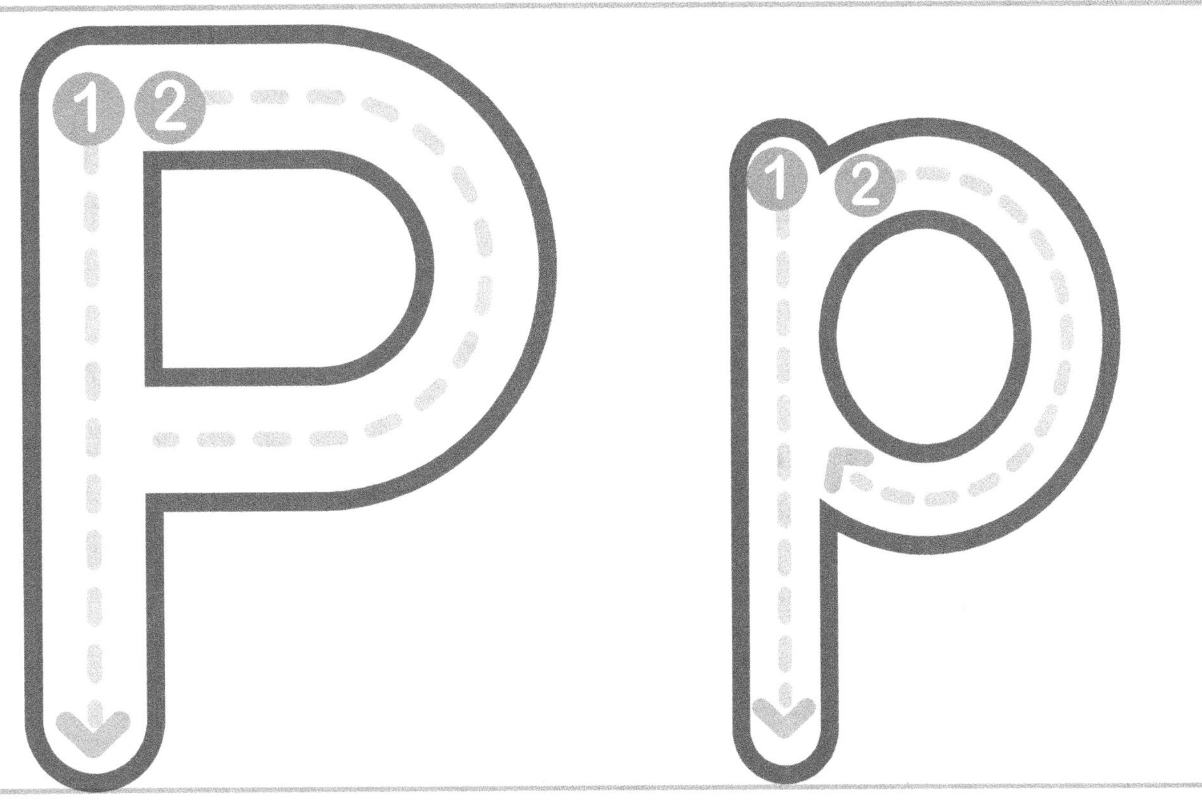

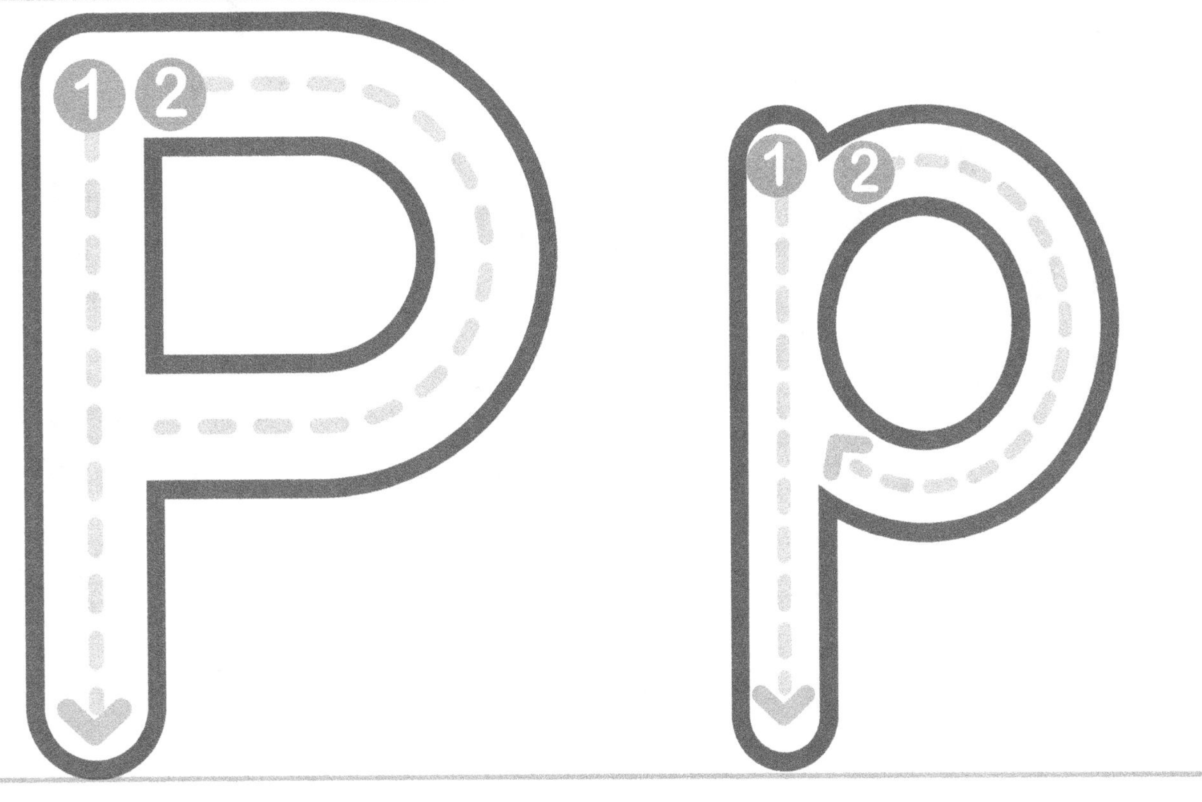

1
2
3

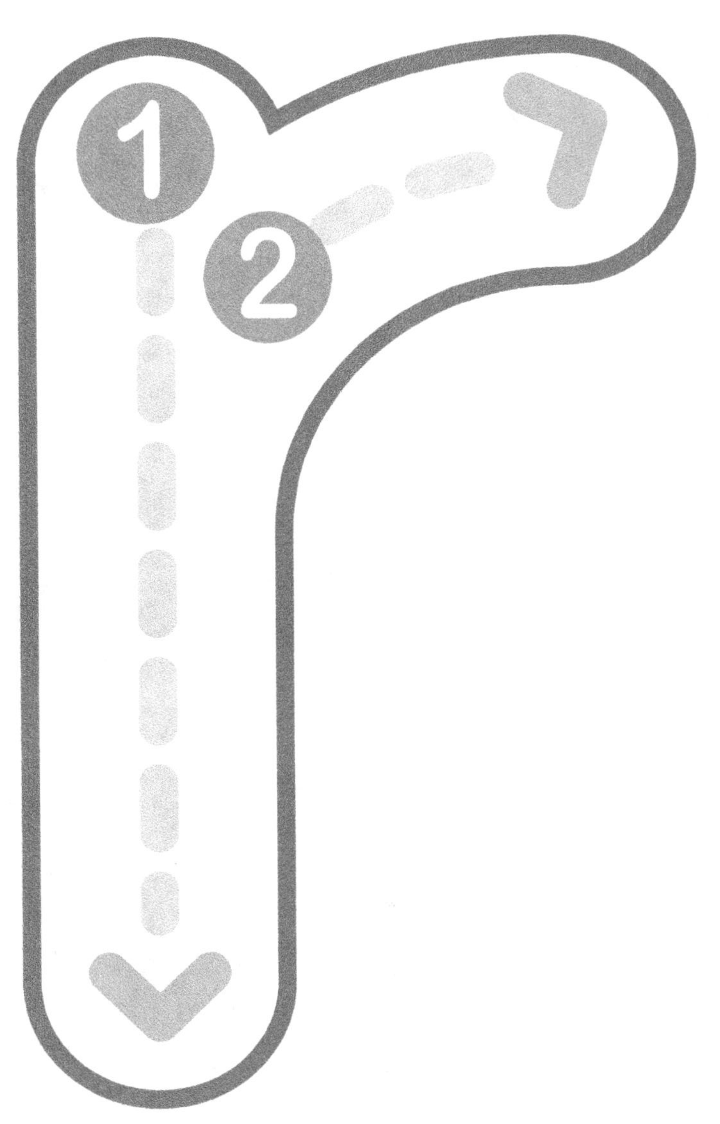

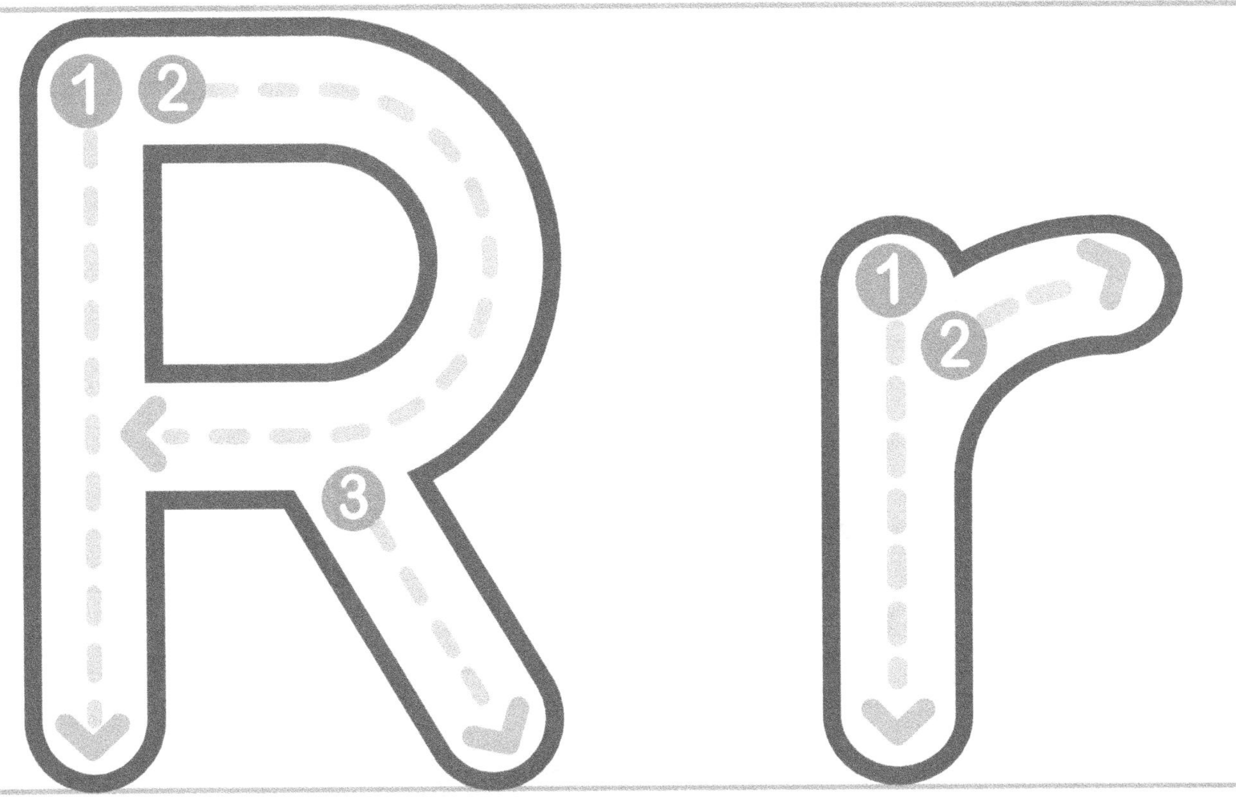
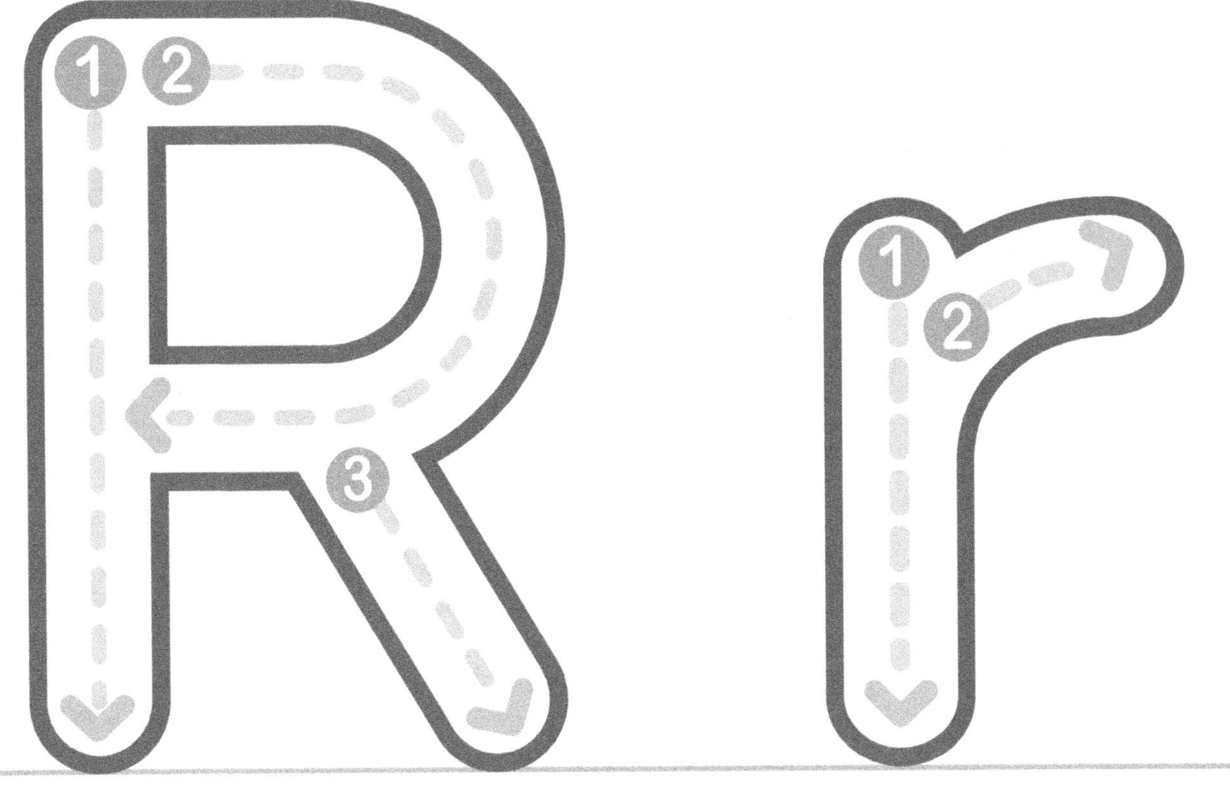

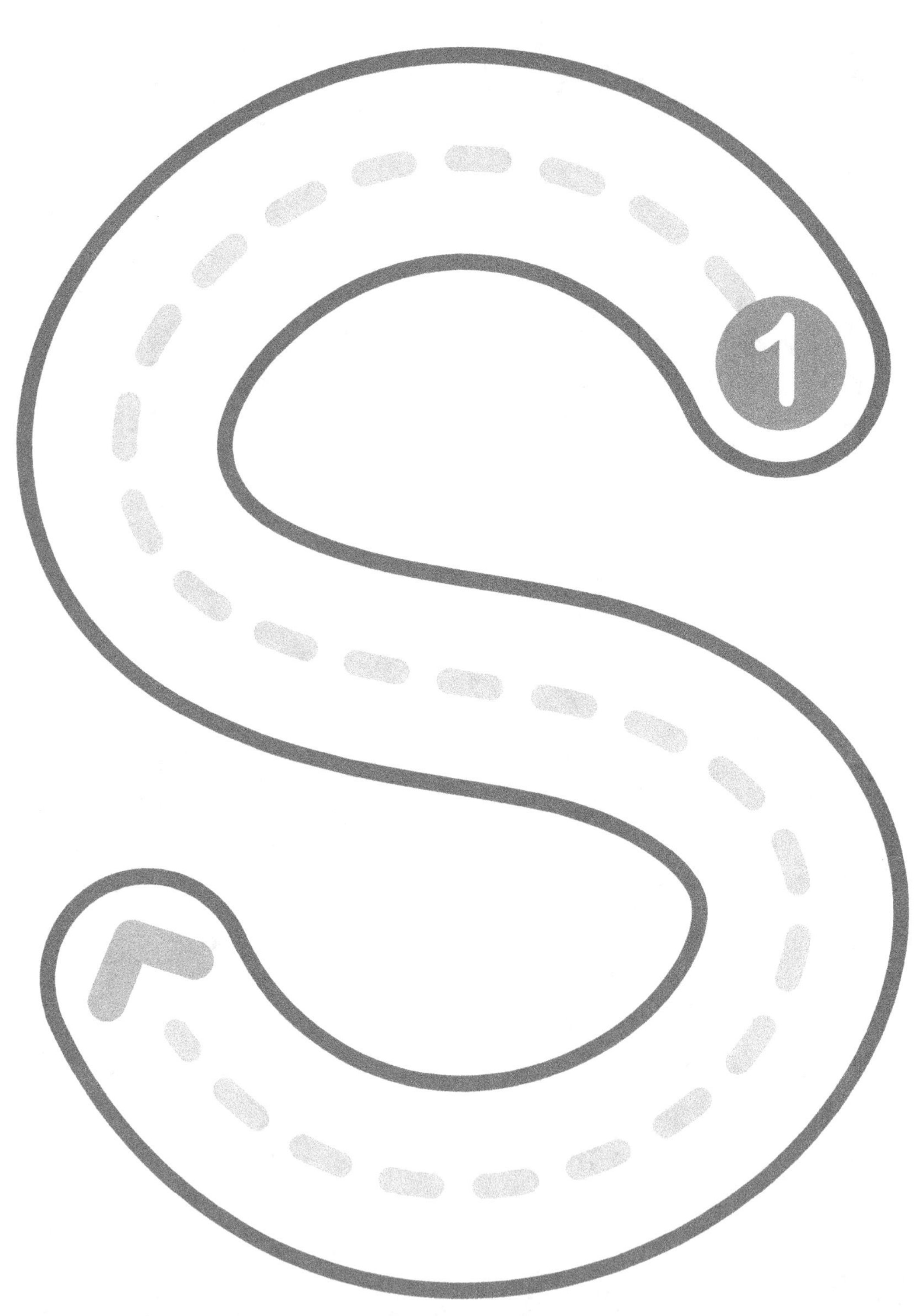

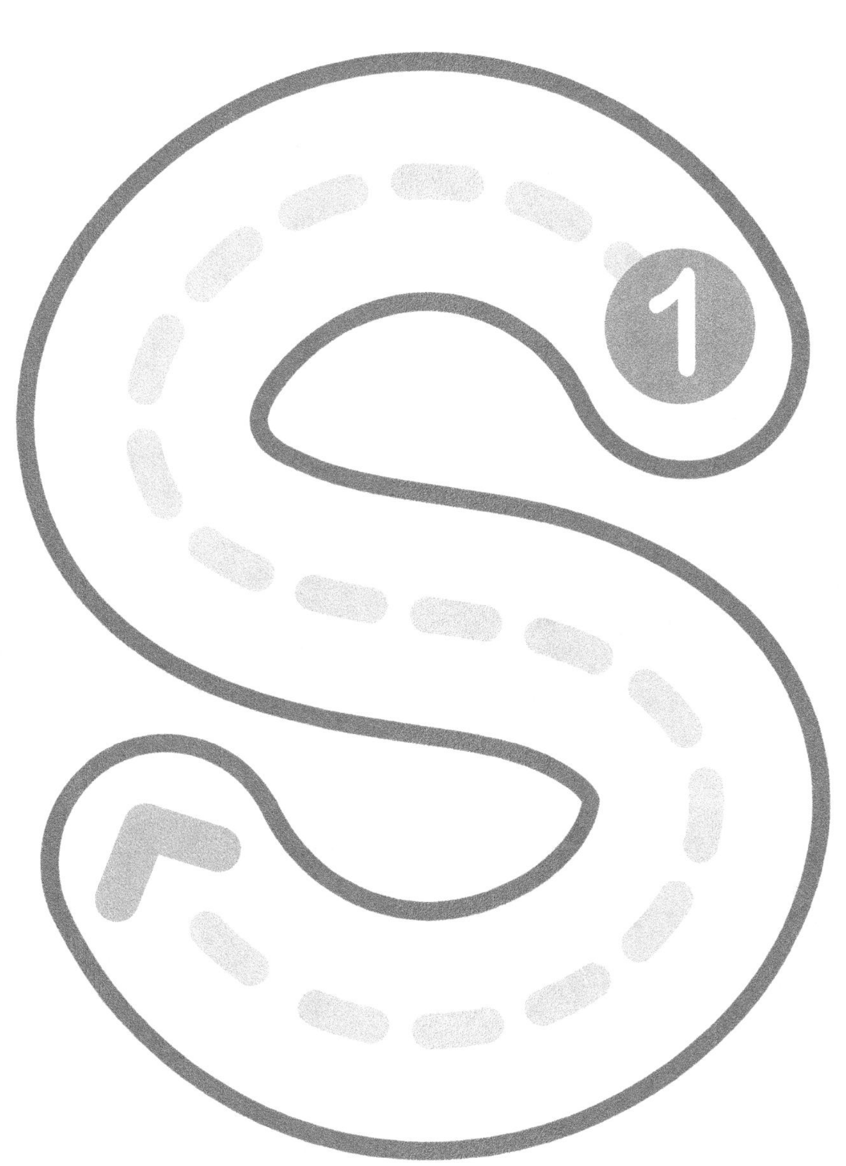

1

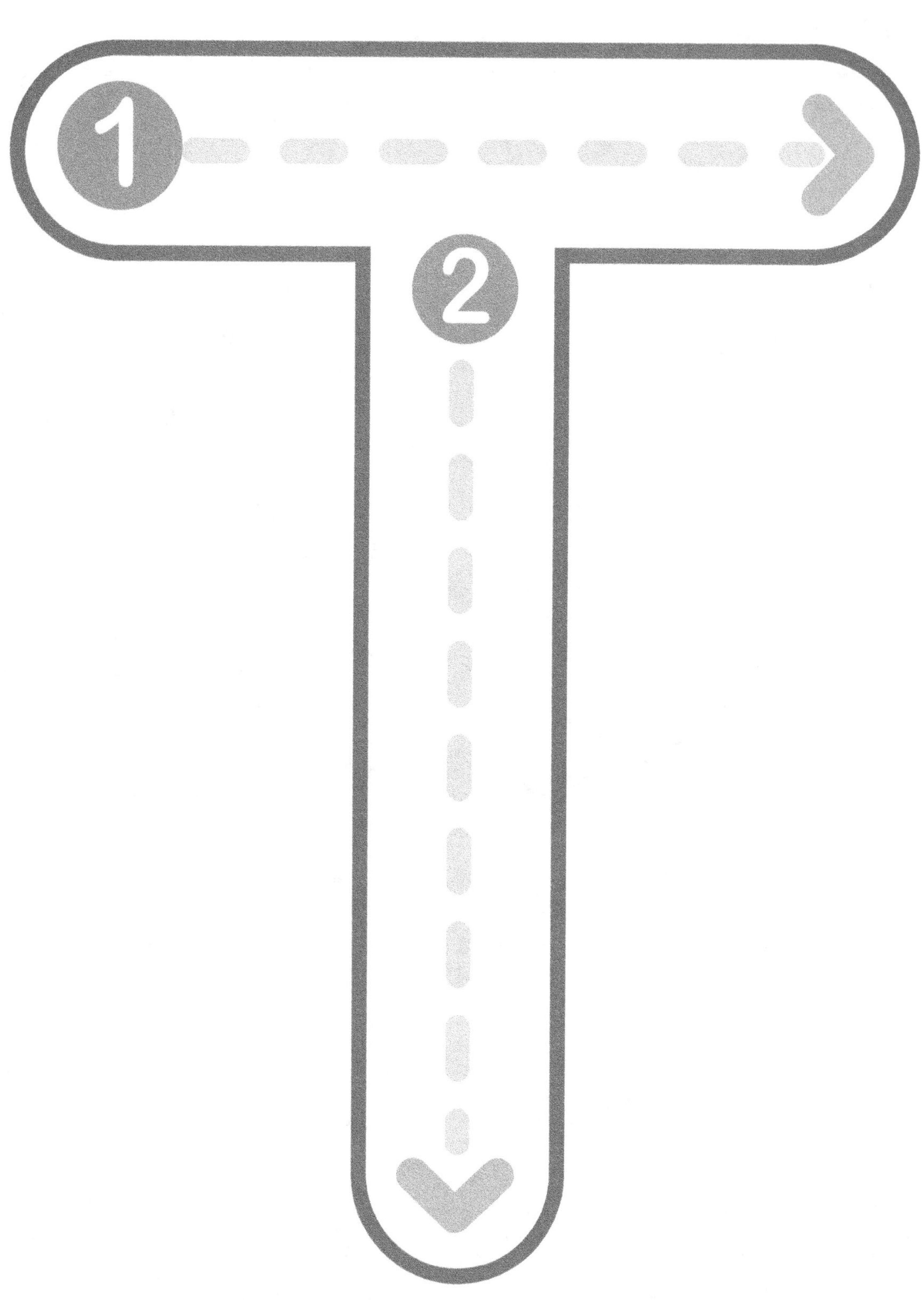

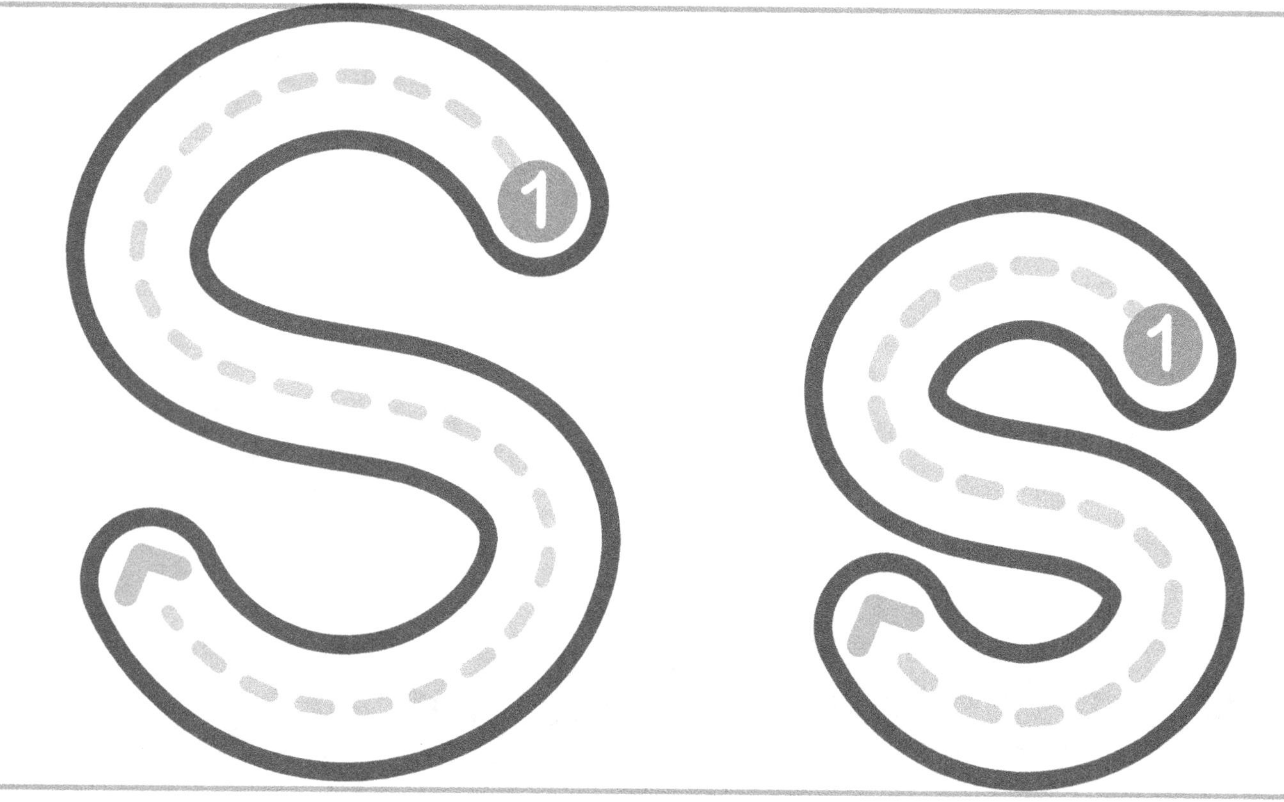

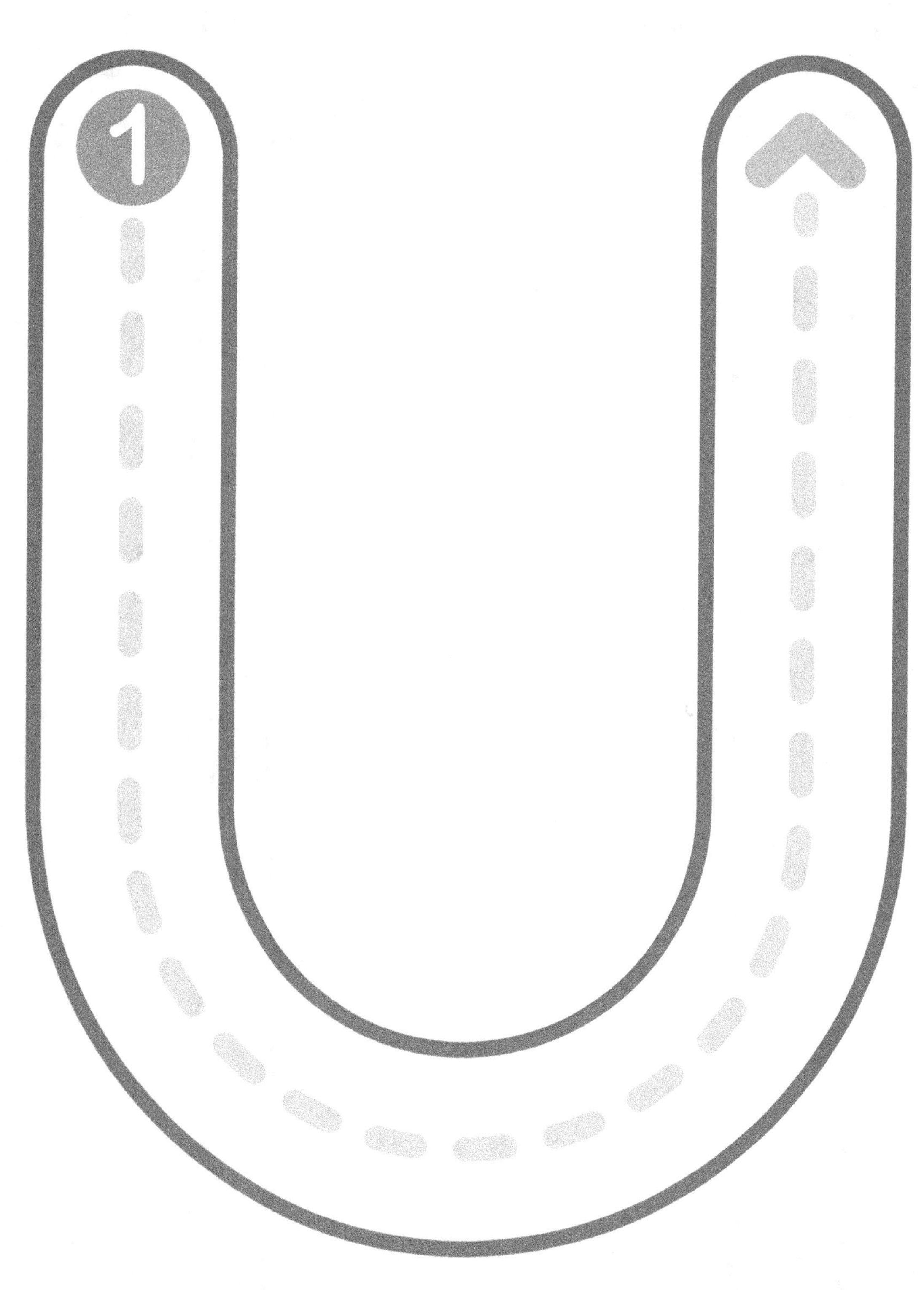

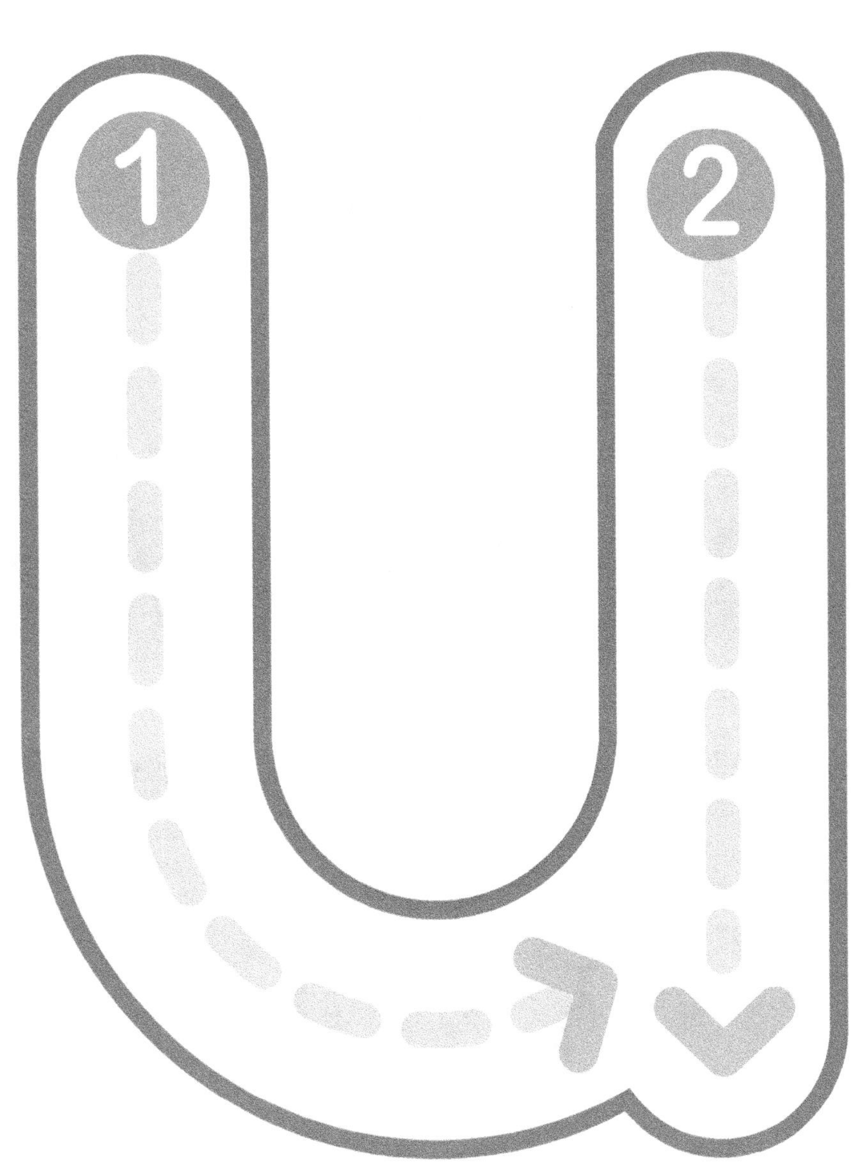

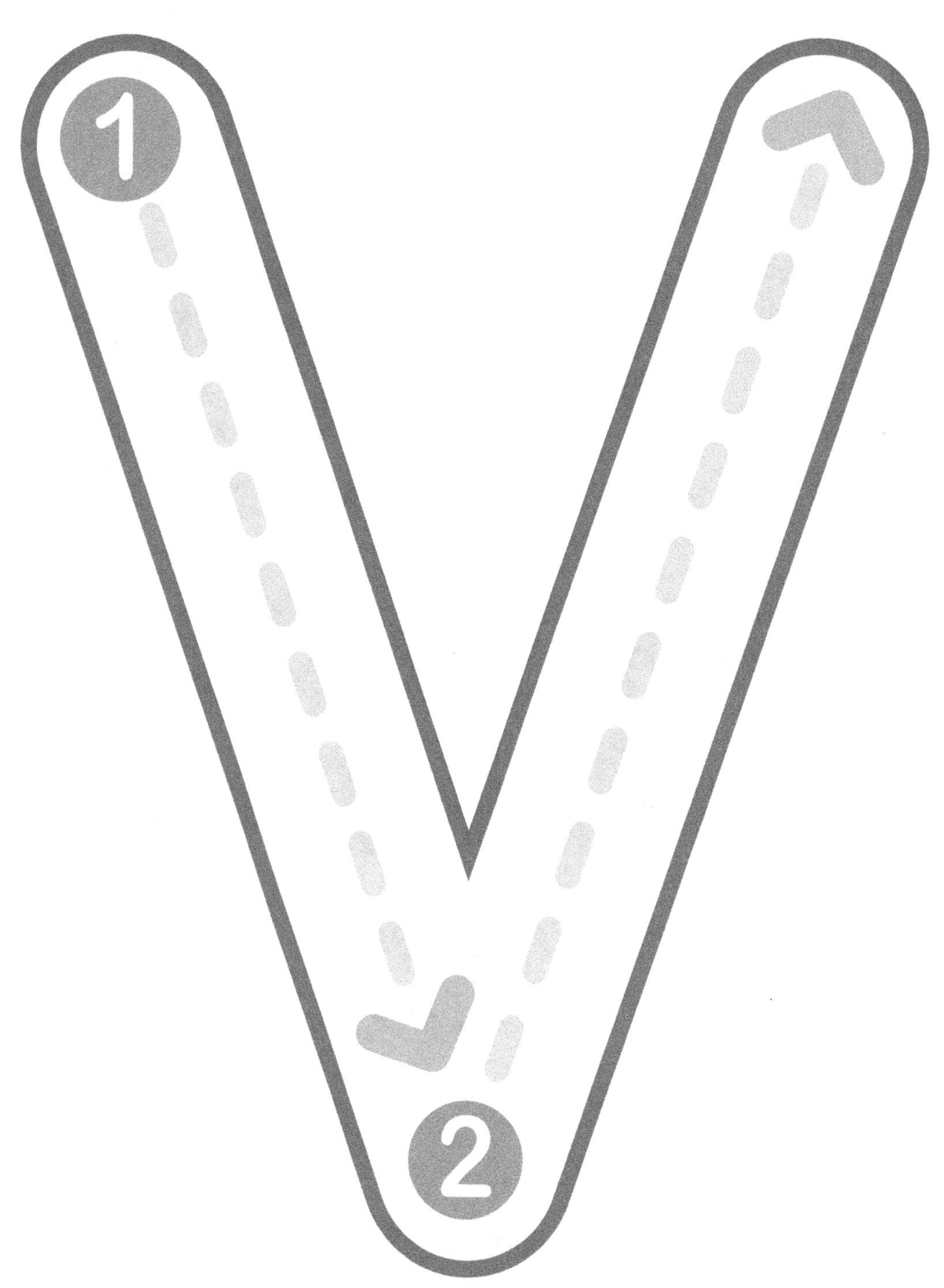

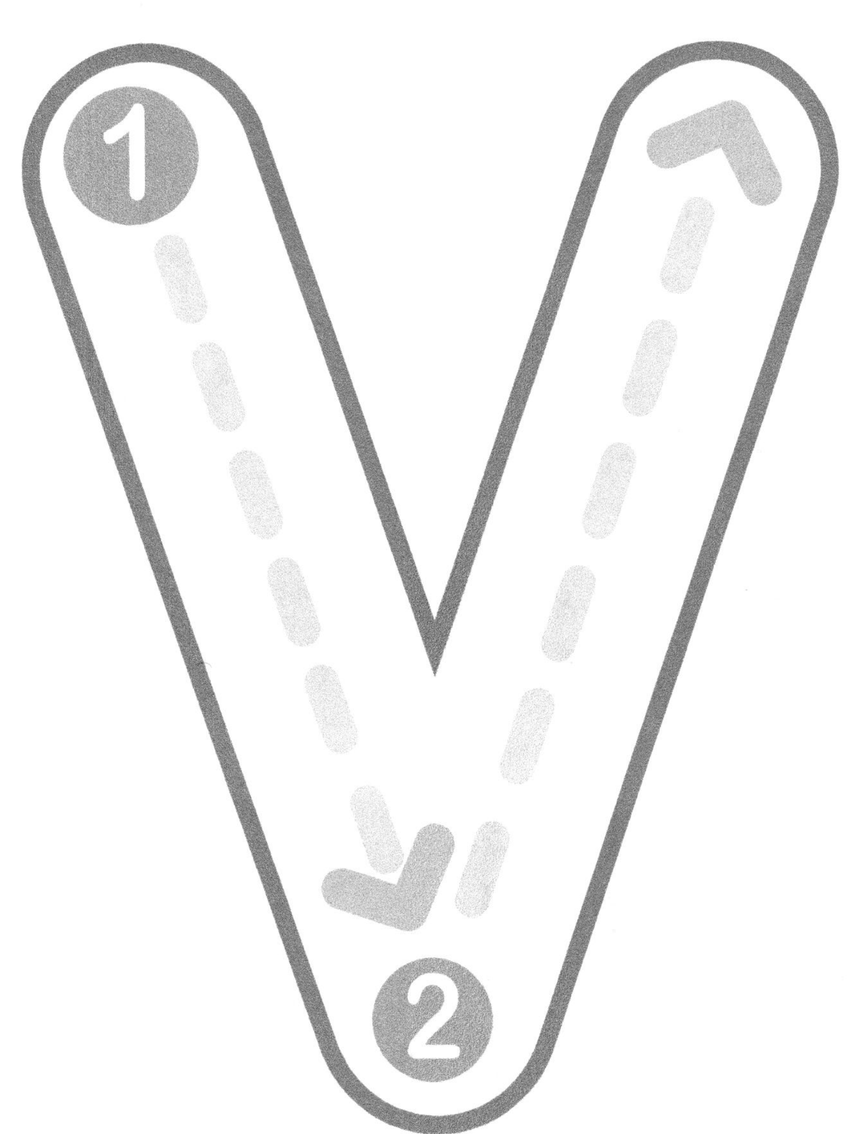

1
2

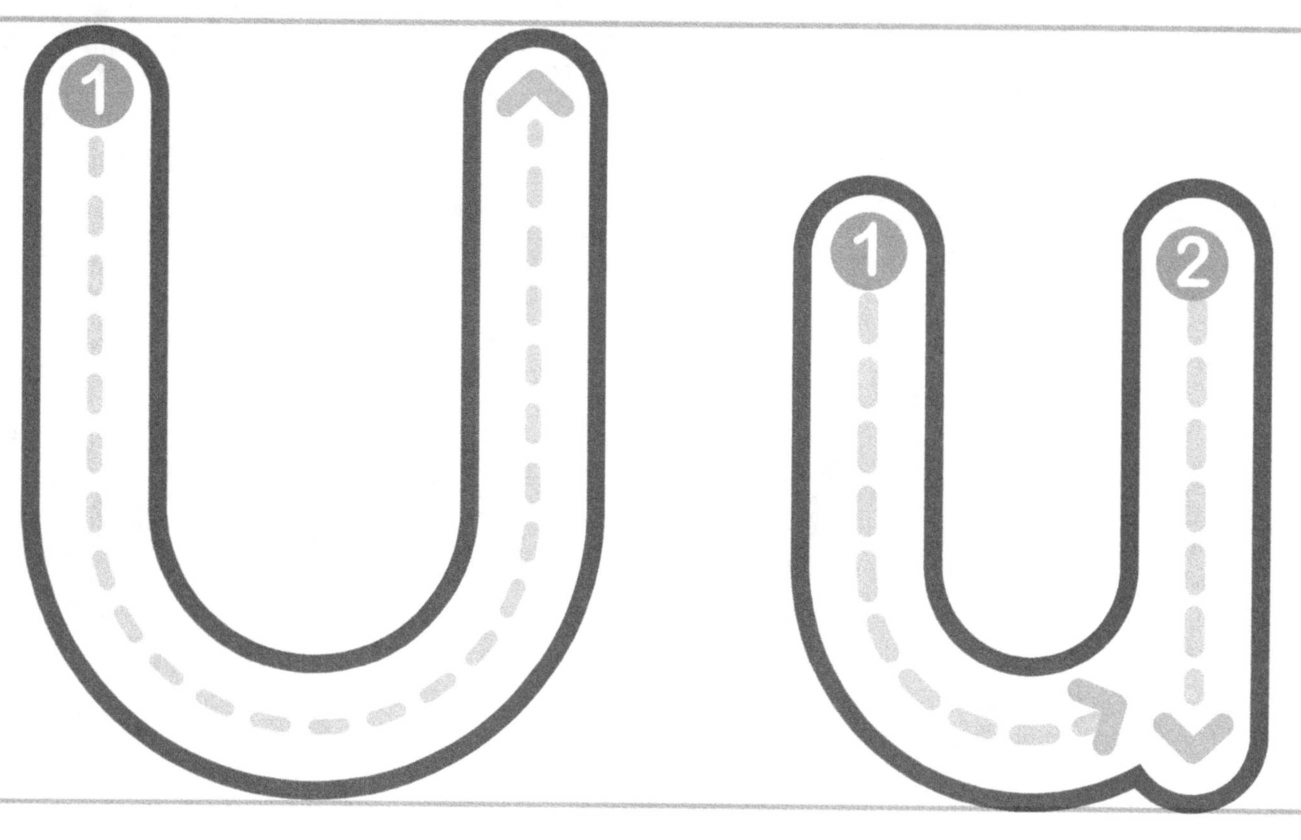
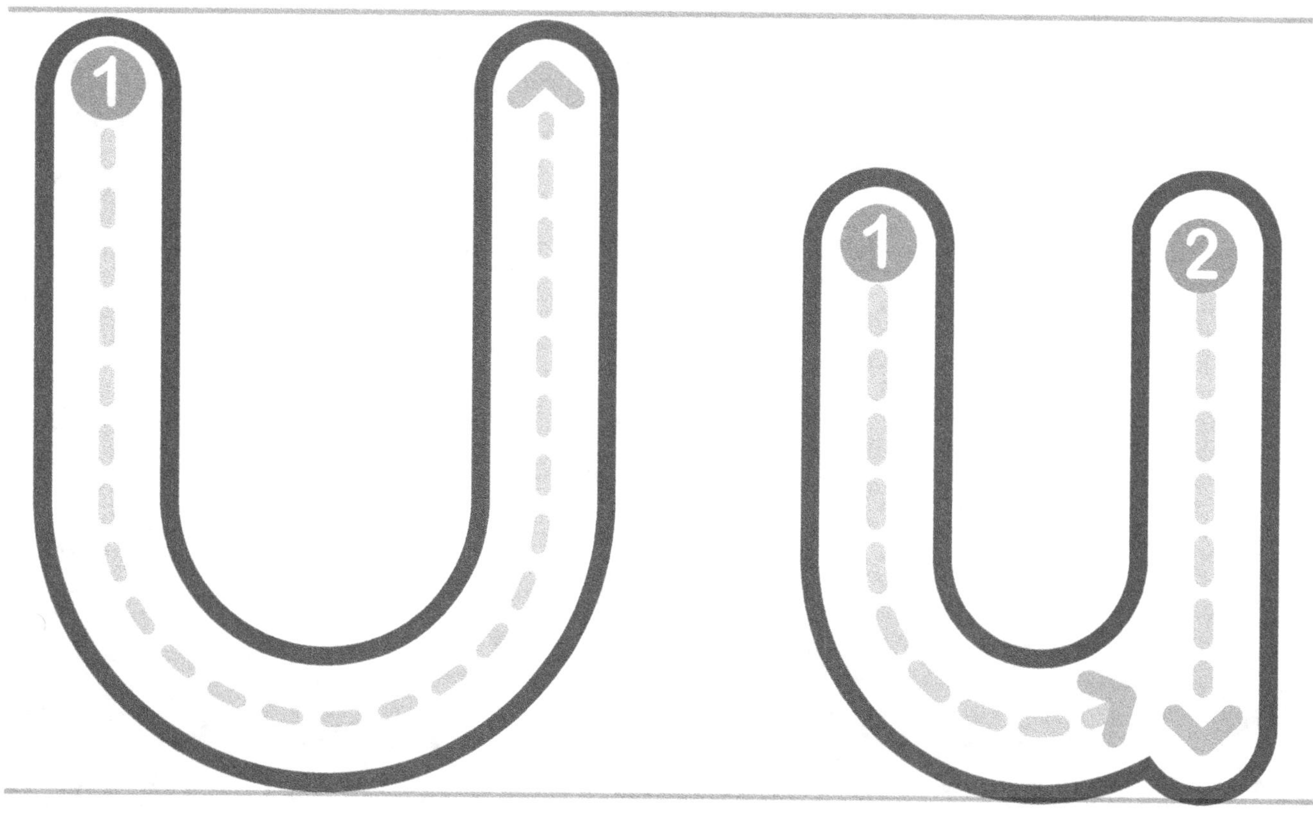

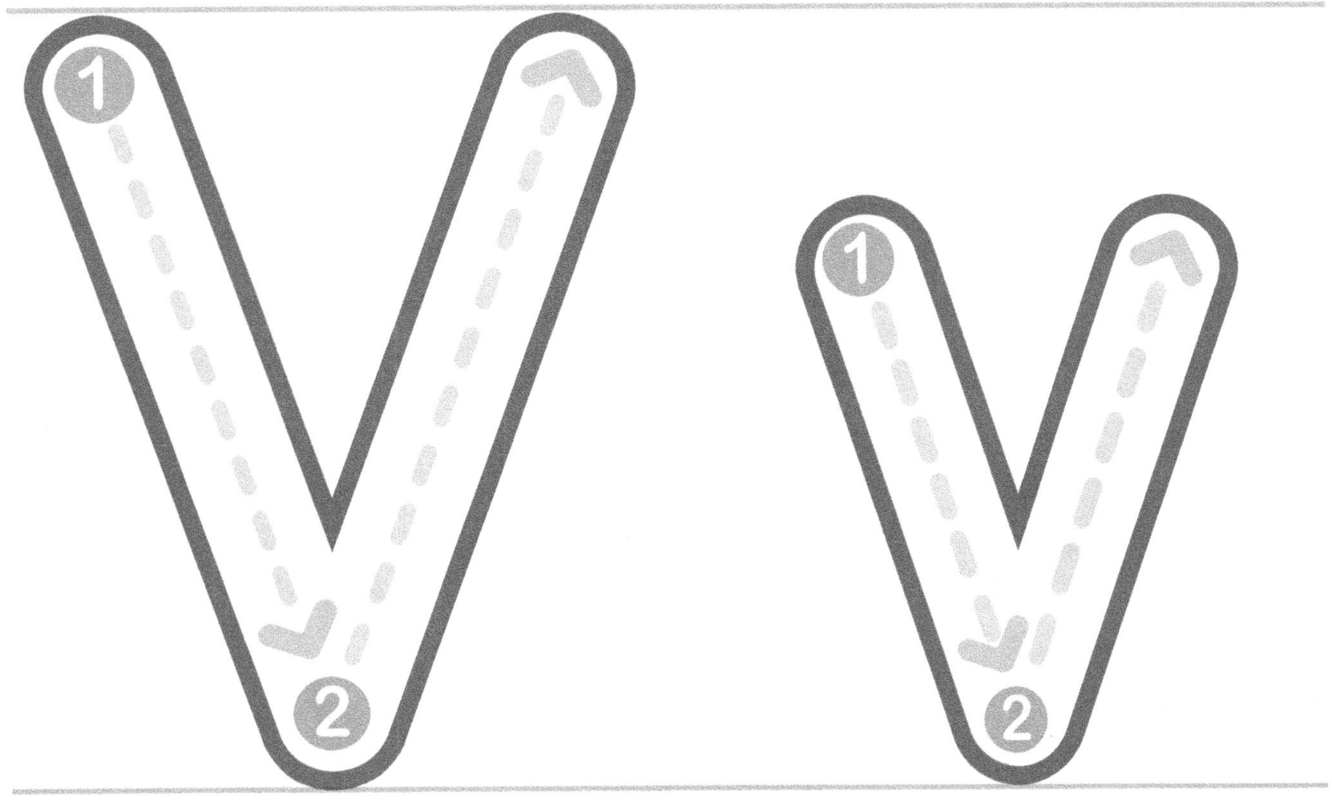

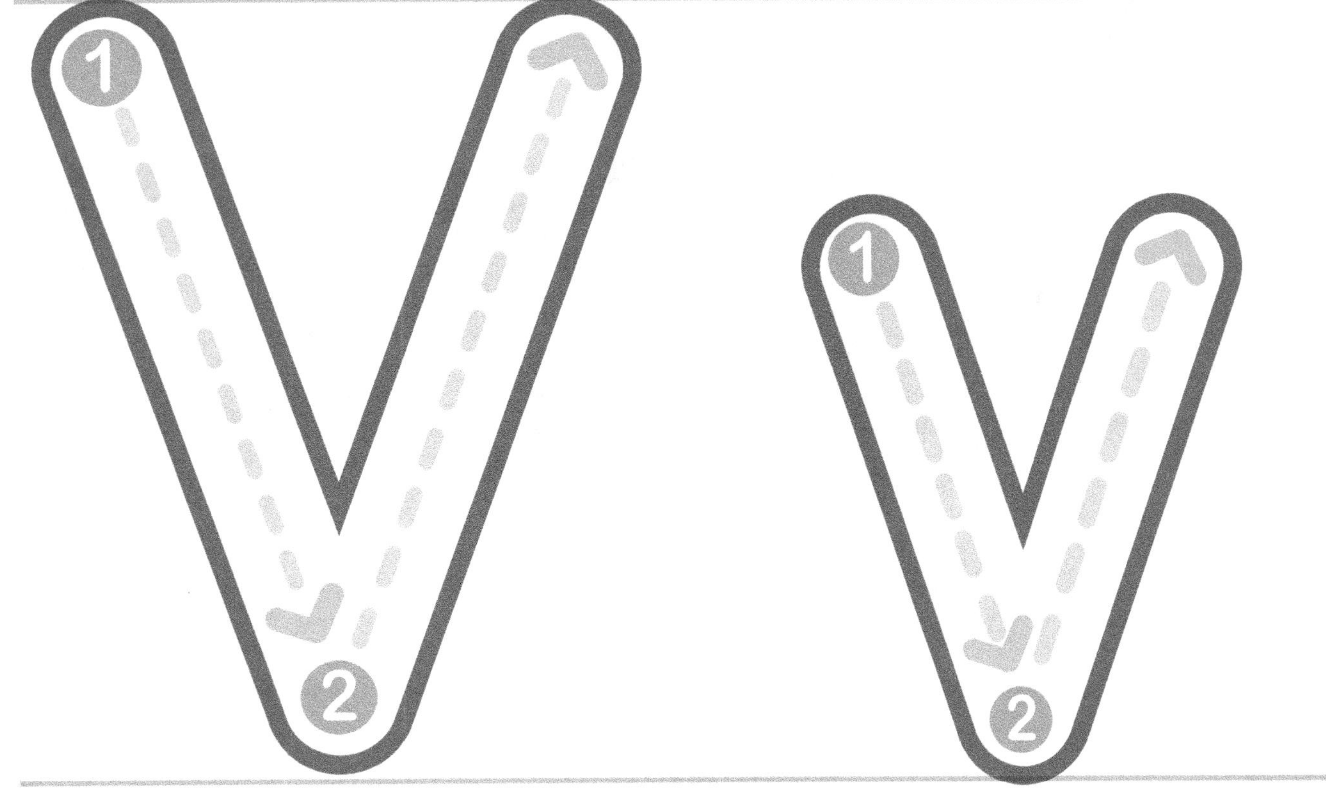

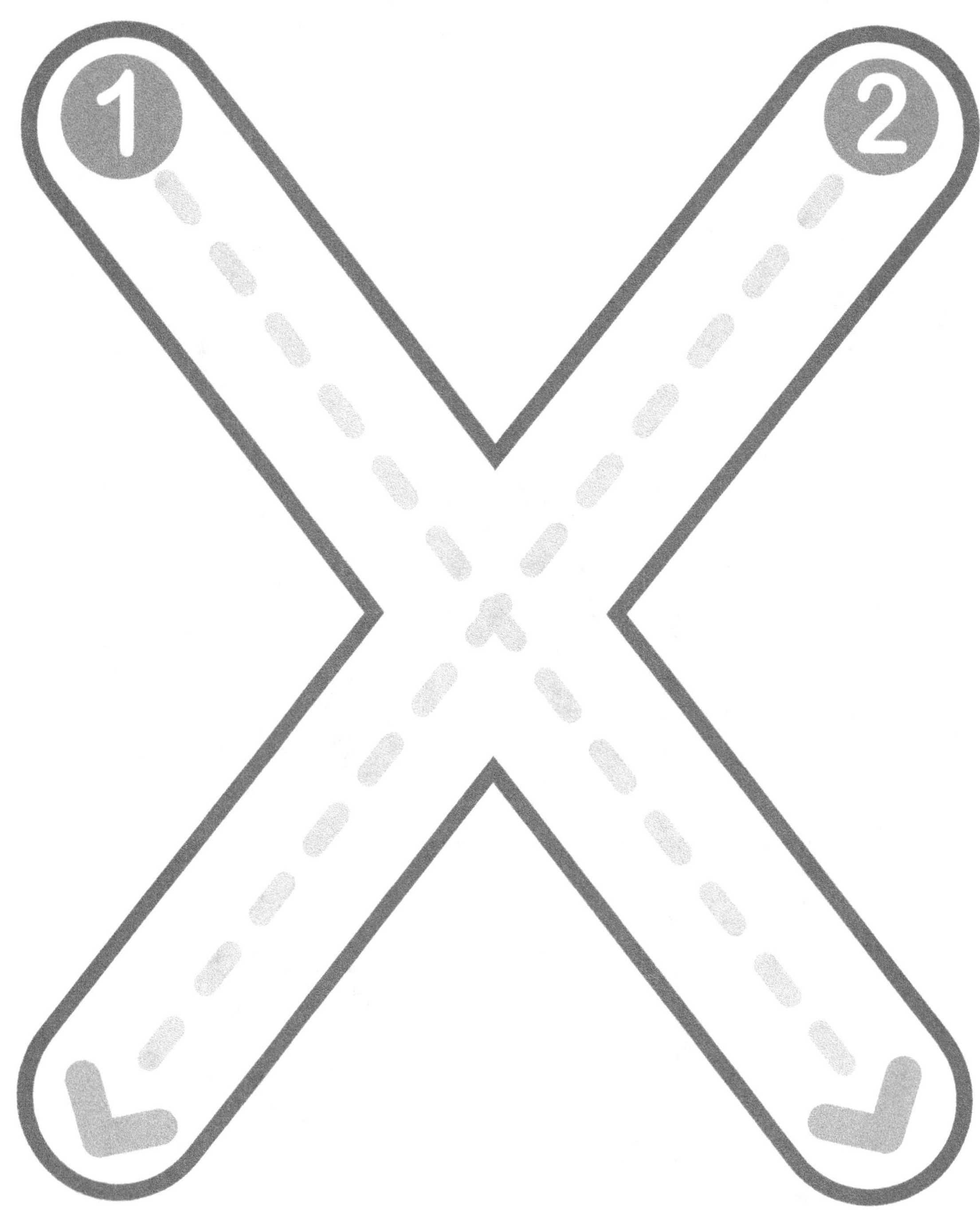

1
2

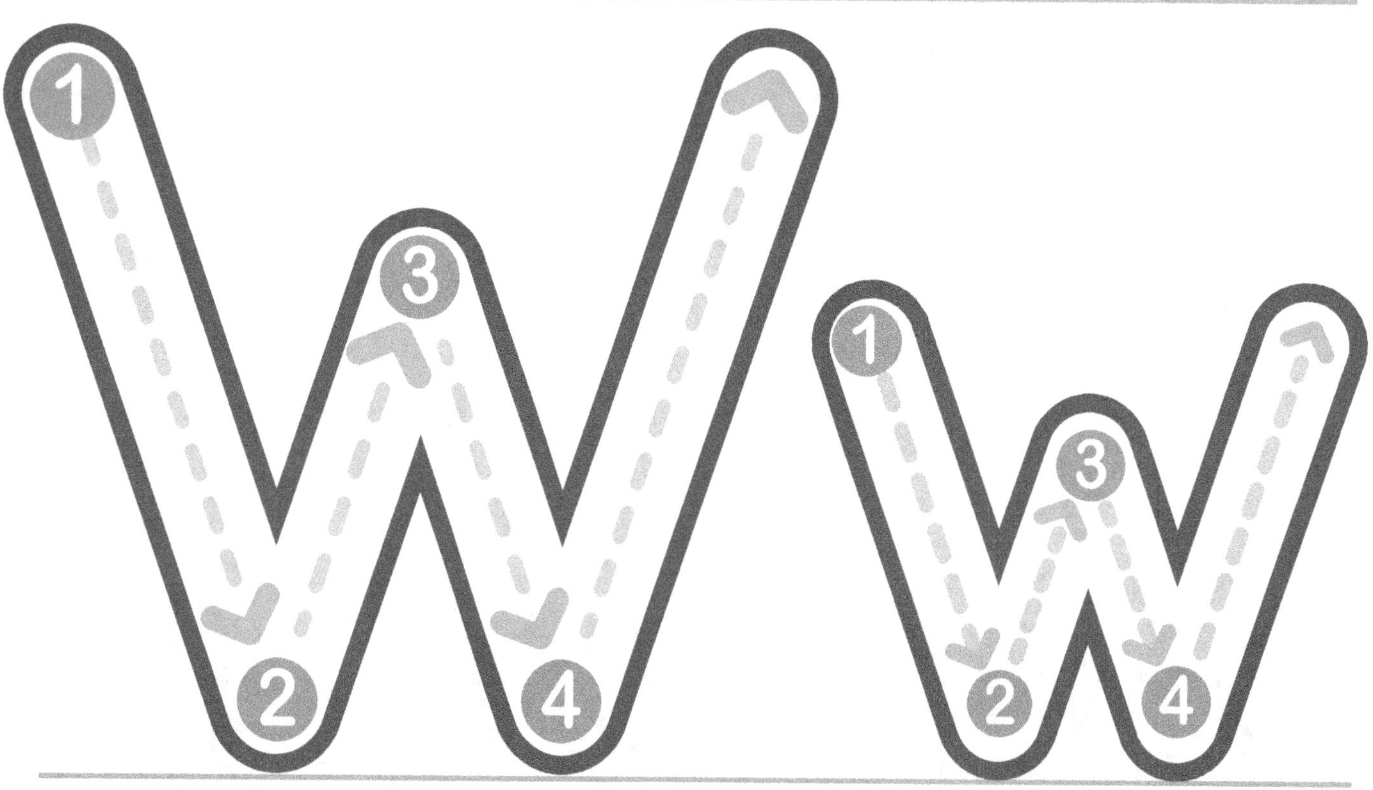

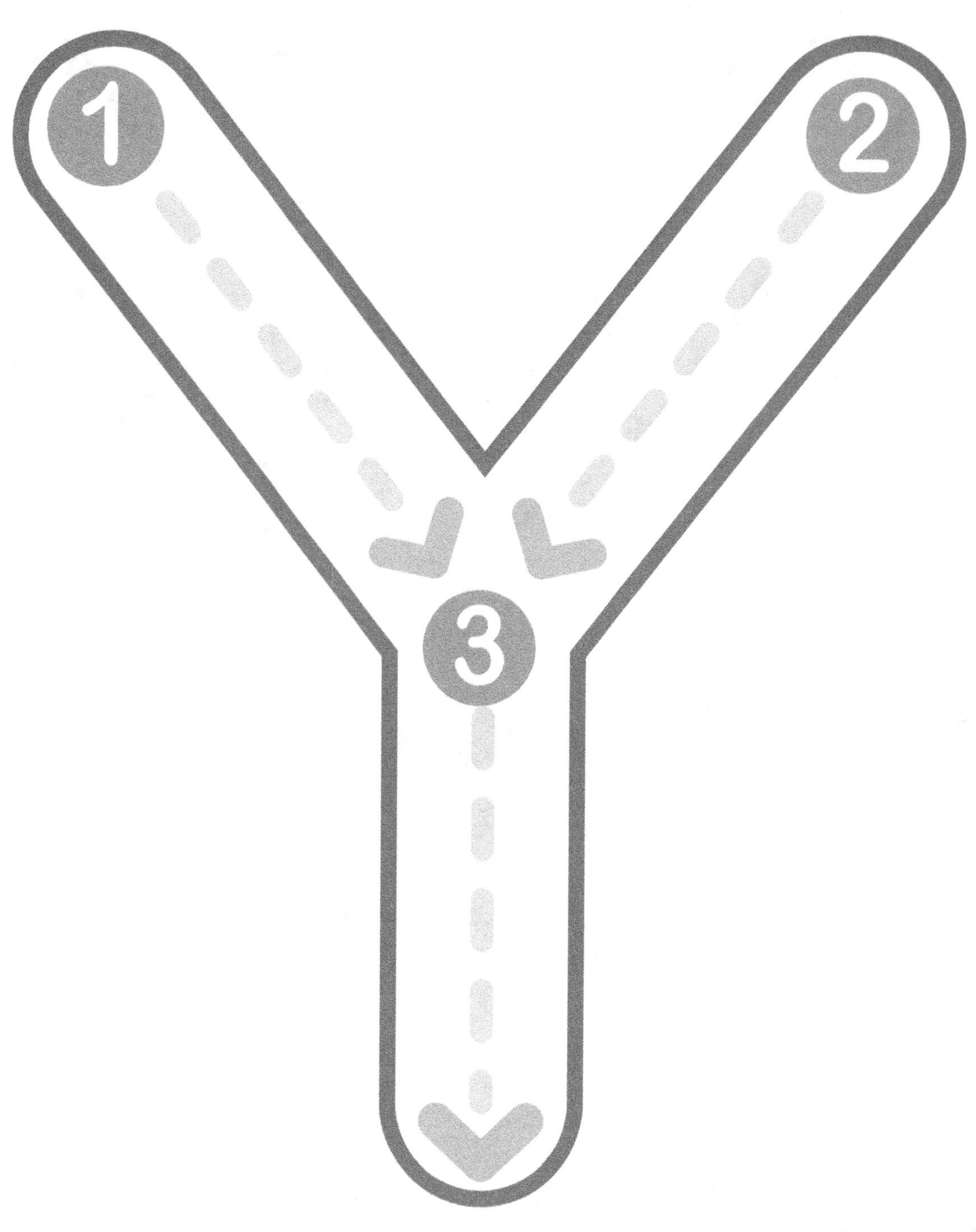

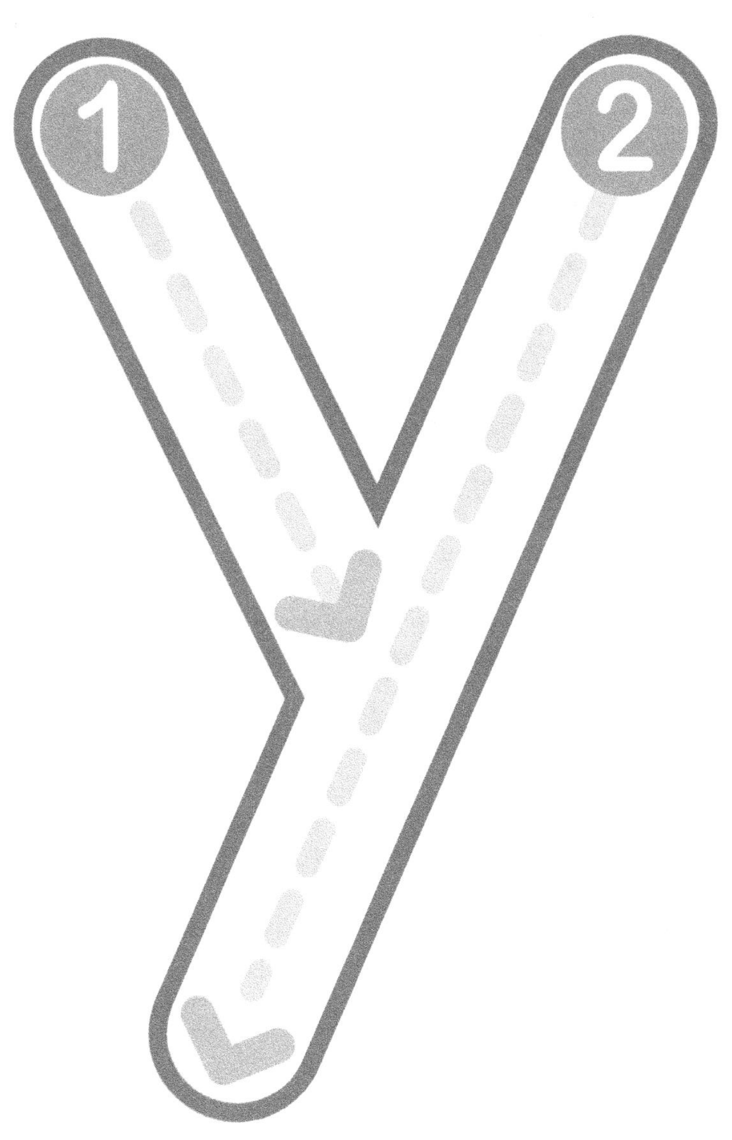

1
2

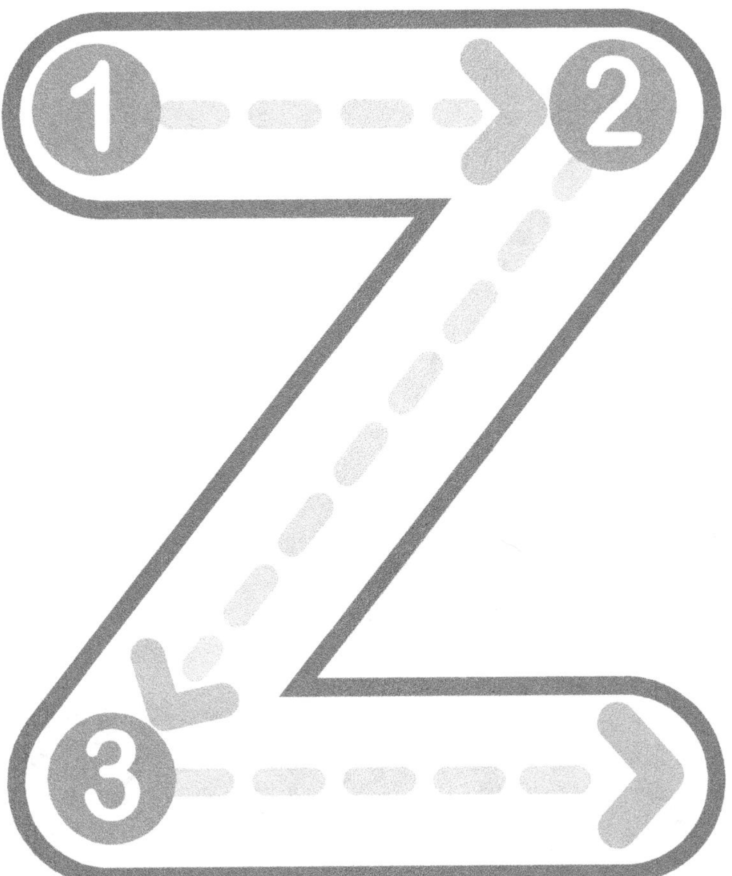

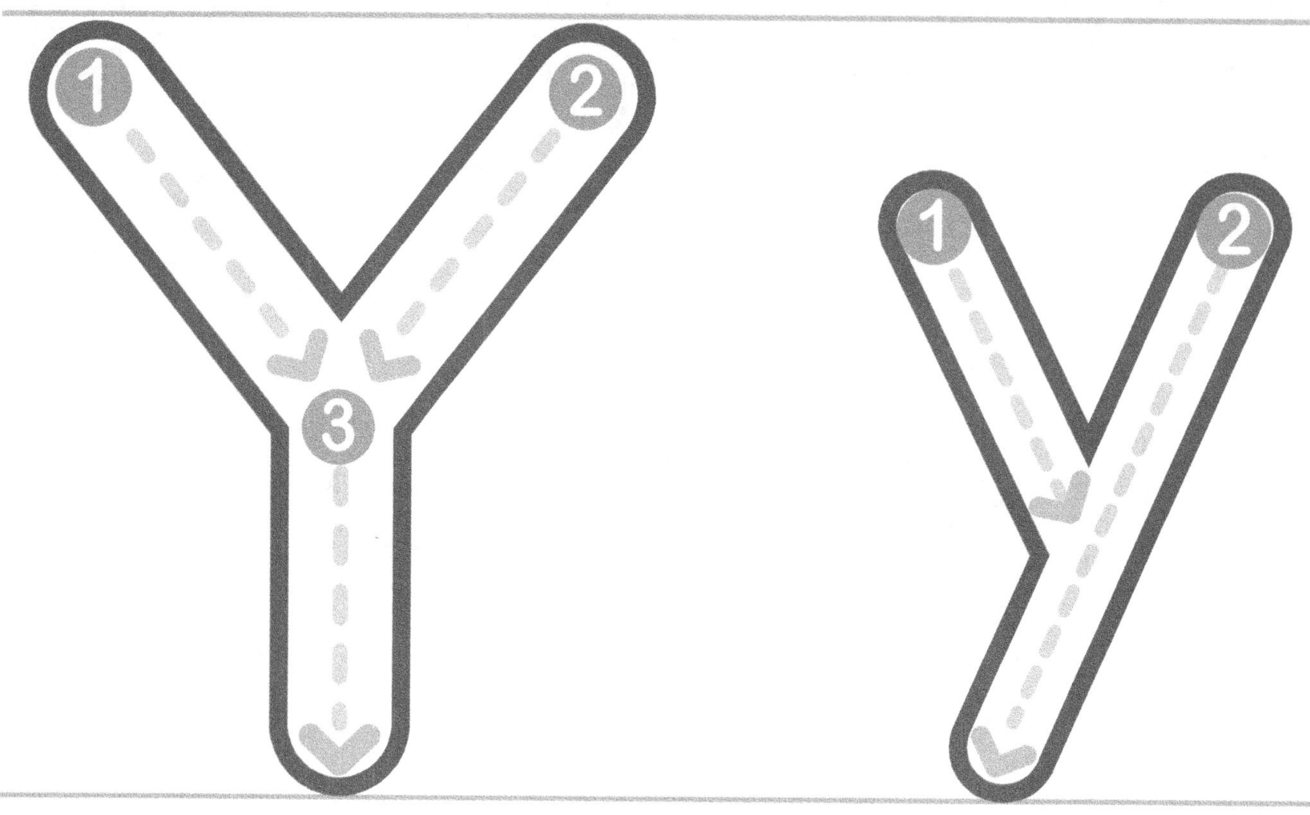
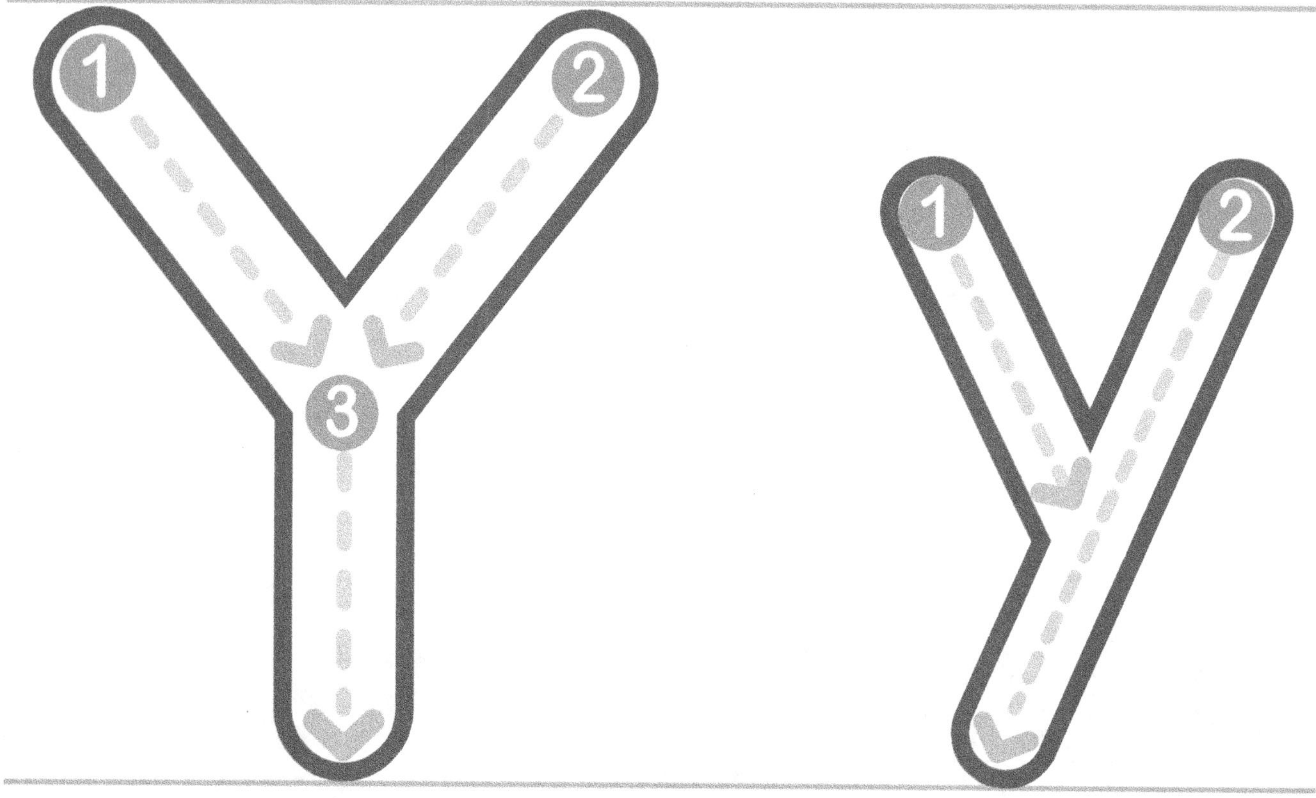

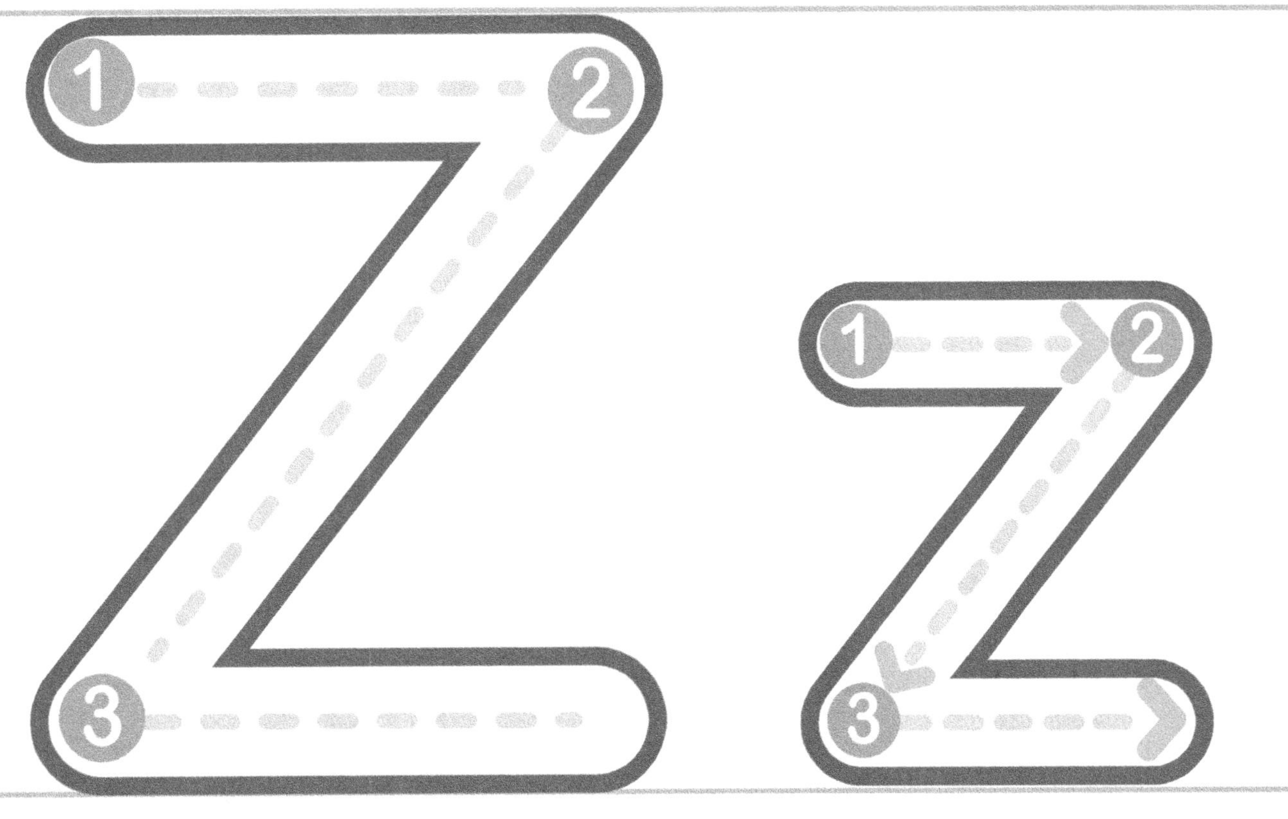
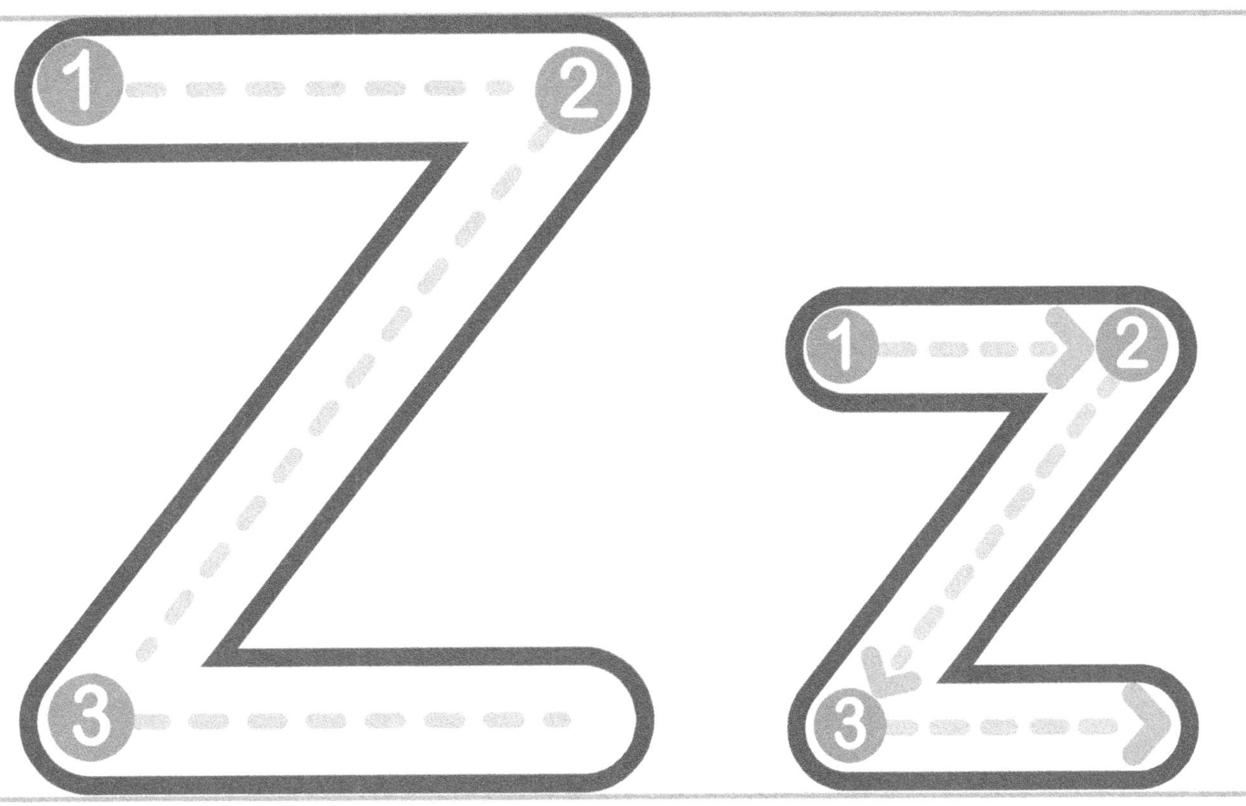

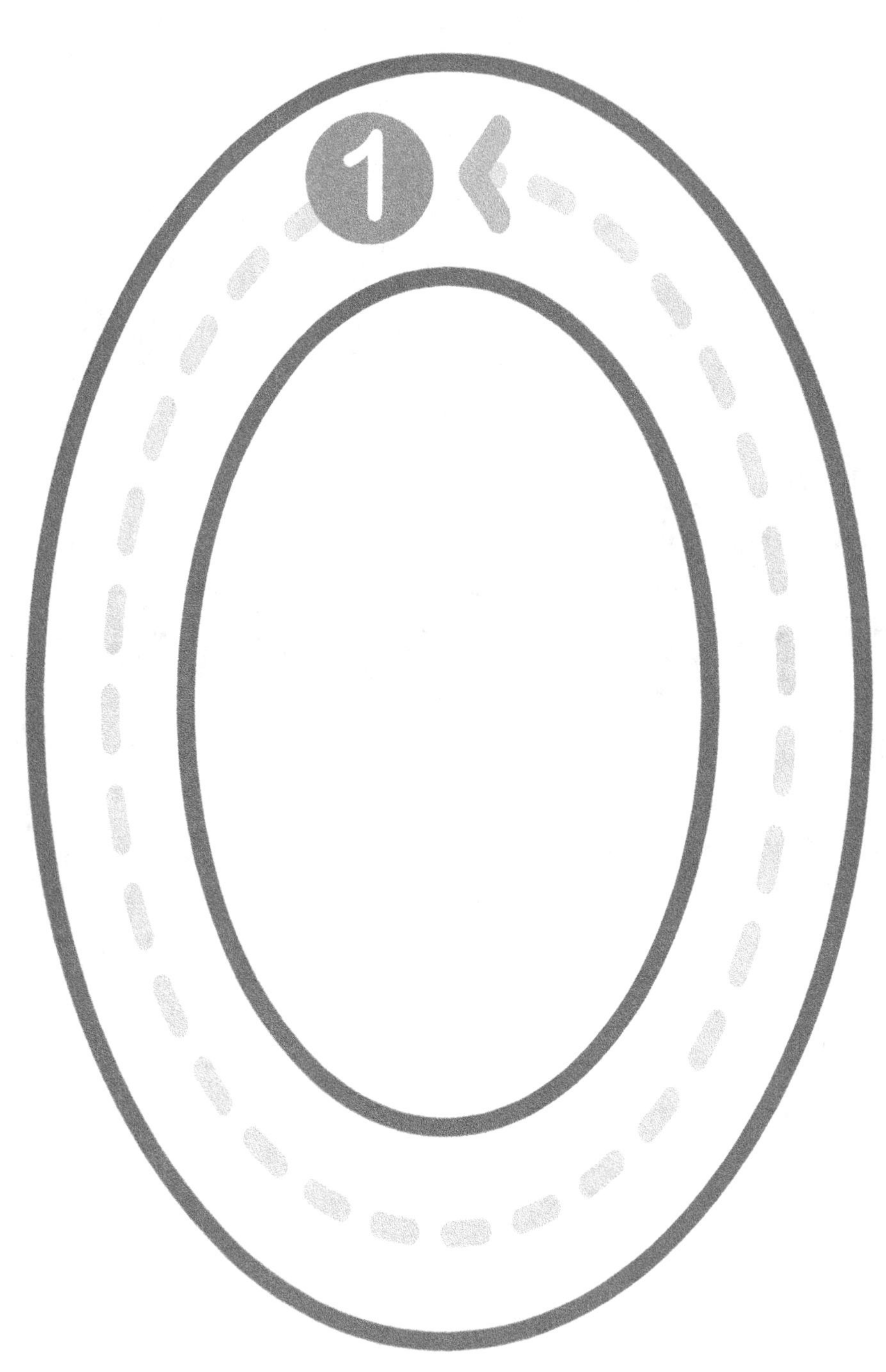

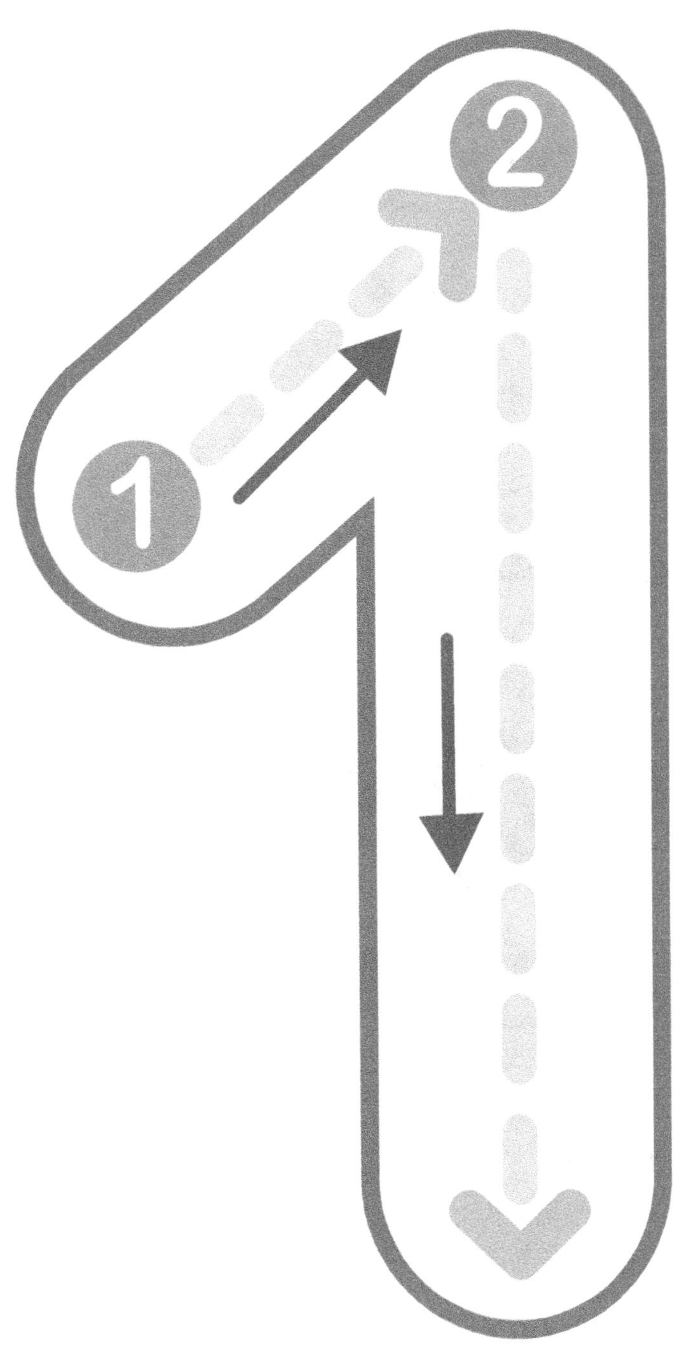

1
2

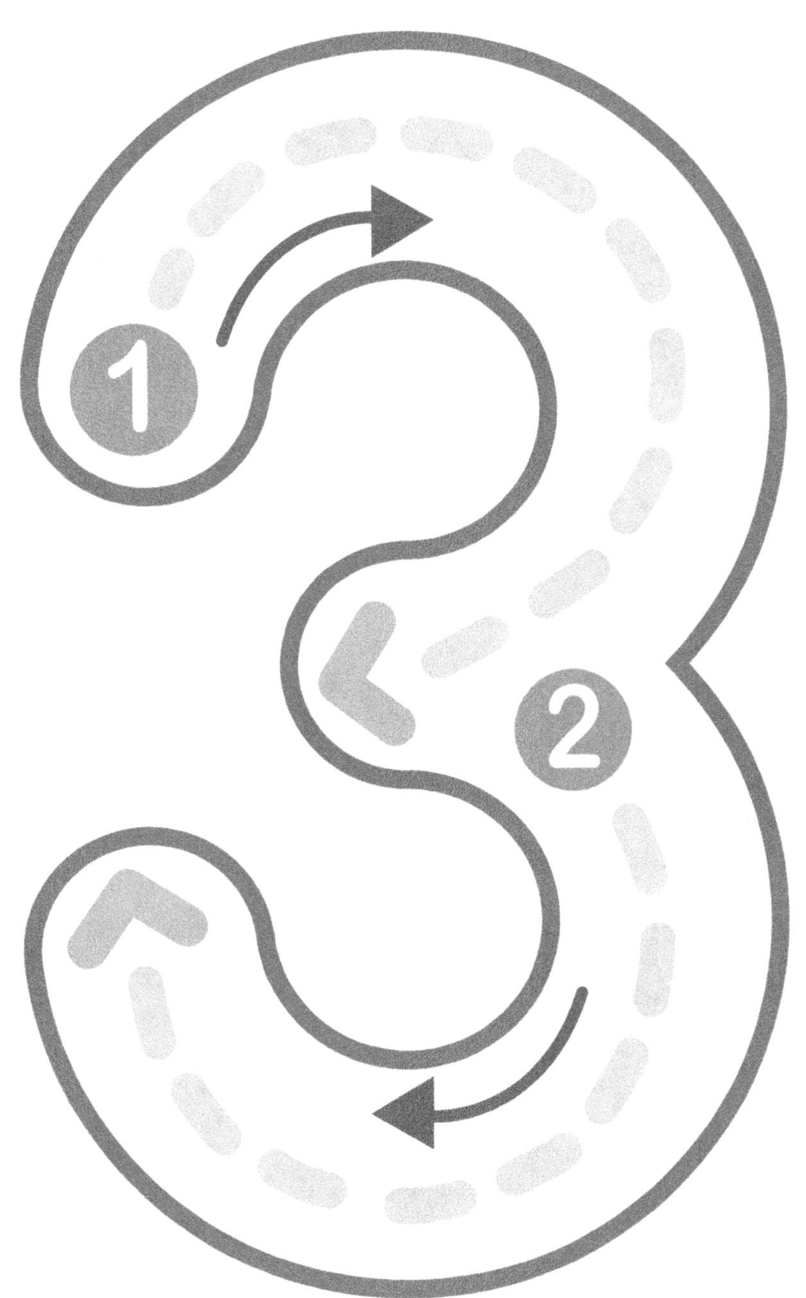

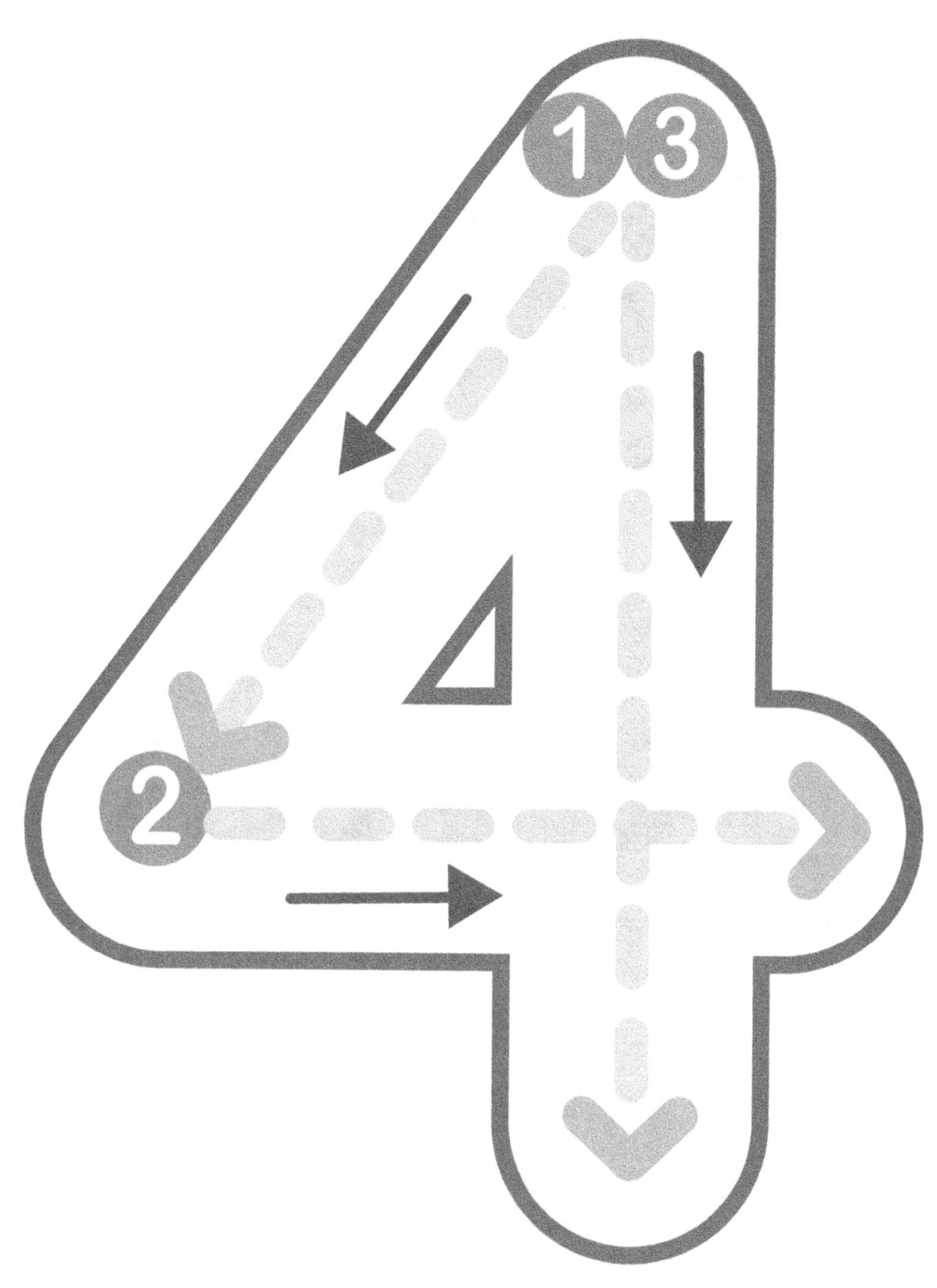

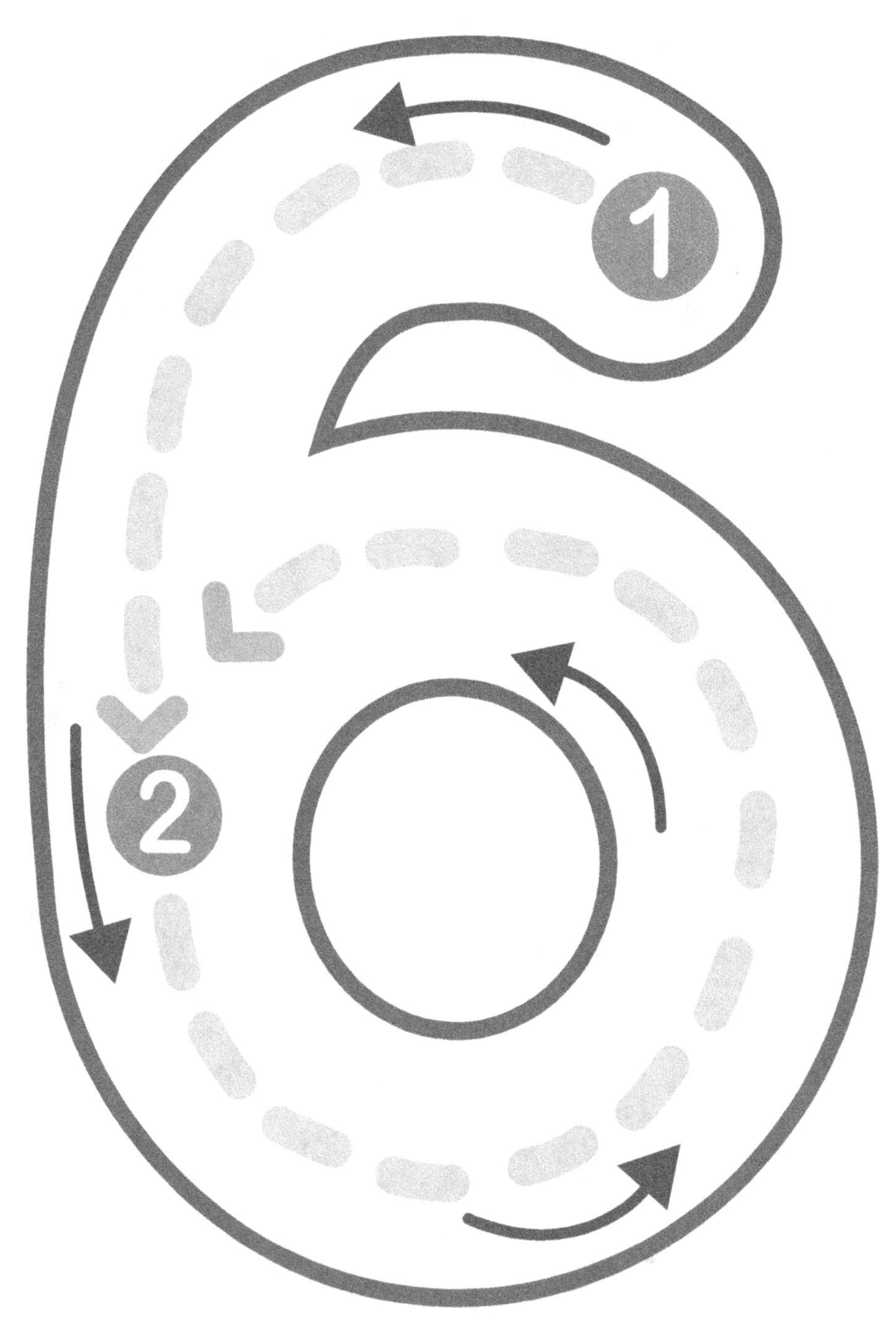

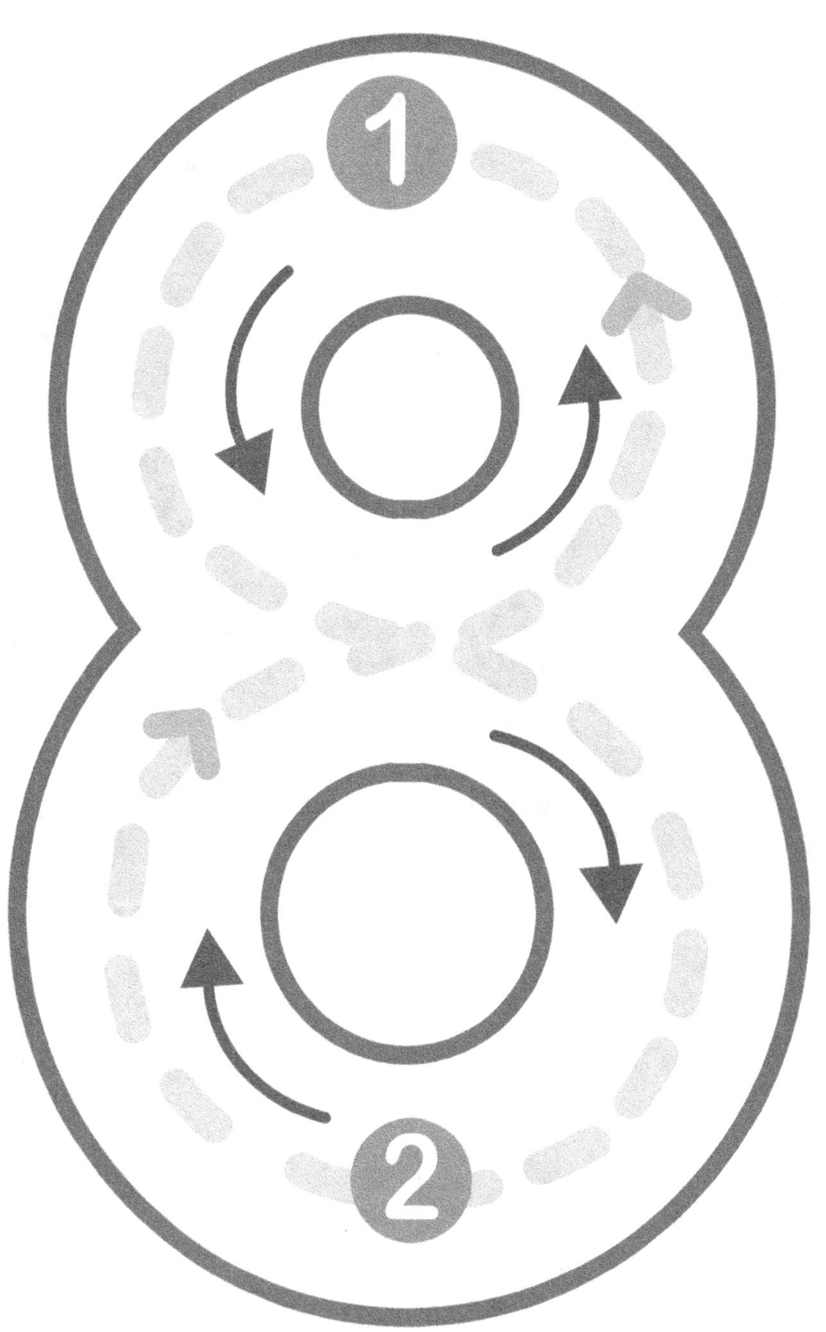

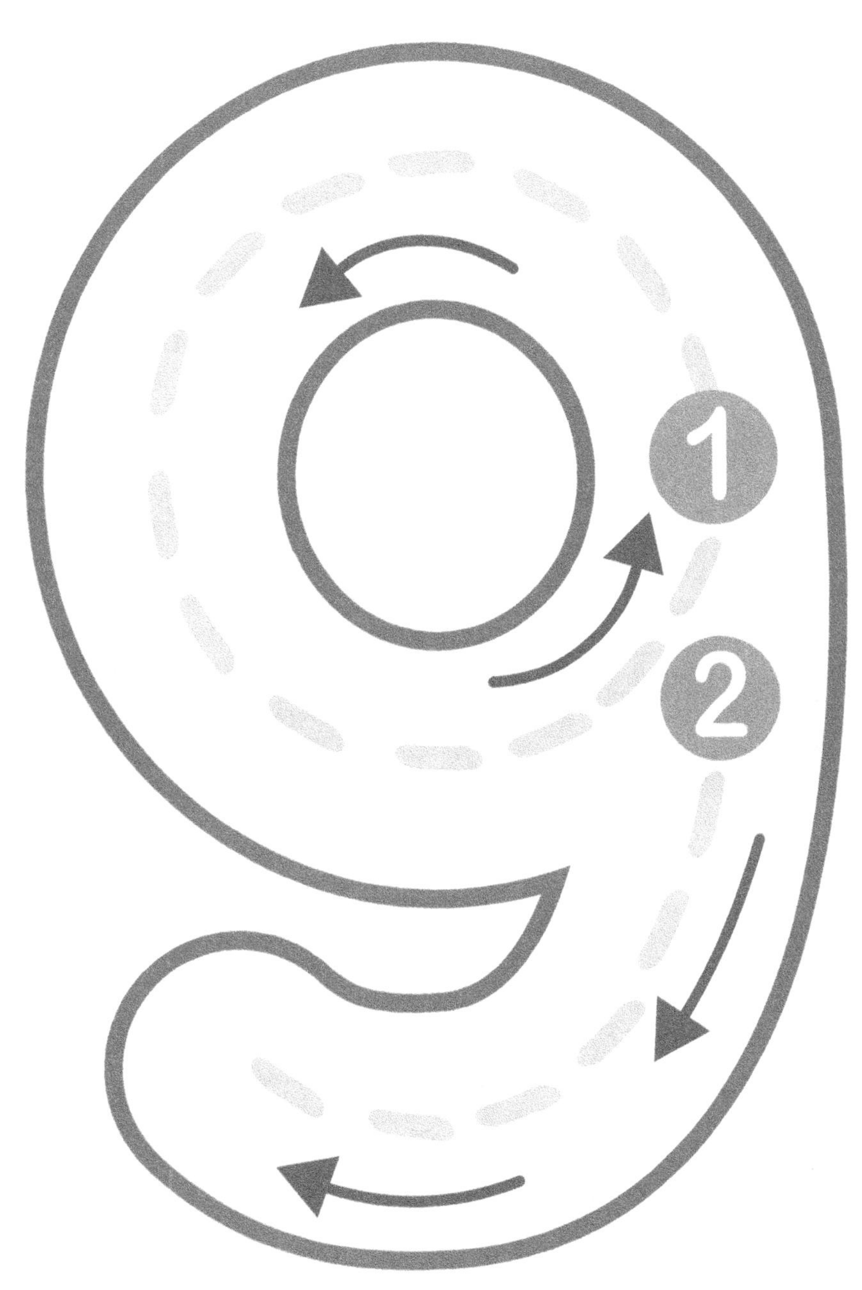